Obstkuchen

Tanja Dostal

Ananas im Kokosmantel, Kirschen im Sahnemeer oder Beeren unter einer Baiserhaube – die frechen Früchtchen kommen immer gut an. Überraschen Sie Ihre Freunde mit einer Schneeballtorte, einem Spiegelei- oder Maulwurfkuchen und finden Sie heraus, welche Kuchenkreation Ihr Favorit ist.

Inhalt

Alle Rezepte auf einen Blick

	Seite	kcal je Portion	schnell	für Gäste	preiswert	dekorativ	Trend	einfach	für Kids
Himbeer-Schokino-Kuchen	10	230						+	+
Rhabarberkuchen mit saurer Sahnehaube	12	310			+			+	
Erfrischungskuchen	13	160			+			+	+
Ananas-Kokos-Kuchen	14	330	+		+	+		+	+
Dickmilchkuchen mit Kirschen	15	210	+		+			+	+
Johannisbeer-Mandel-Baiserkuchen	16	330			+			+	
Vollkornapfelkuchen	18	360	+		+			+	+
Bananenkuchen	19	370			+			+	+
Donauwellen mit Mohn und Aprikosen	20	460		+		+			
Heidelbeer-Mandel-Kuchen	22	310	+					+	
Apfelkuchen mit Mohnstreusel	23	330		+	+	+			
Rhabarber-Baiser-Kuchen	24	180		+	+				
Rote-Grütze-Butterkuchen	25	310	+				+	+	+
Spiegeleikuchen	26	410		+		+		+	+
Zwetschgen-Mohn-Kuchen	28	240		+	+				
Quark-Stachelbeer-Kuchen	29	230			+	+		+	
Erdbeer-Yogurette-Torte	30	410		+			+	+	+
Himbeerkratertorte	32	360		+			+		
Milkatorte	33	490		+		+	+		+
Schneeballtorte	34	390		+		+	+		+
Maulwurfkuchen	35	460		+		+	+	+	+

	Seite	kcal je Portion	schnell	für Gäste	preiswert	dekorativ	Trend	einfach	für Kids
Brombeer-Joghurt-Torte	36	400		+		+			
Dickmanntorte mit Mandarinen	38	560	+			+	+	+	+
Apfel-Mascarpone-Torte	39	440		+		+			
Erdbeer-Tiramisu-Torte	40	430		+		+			
Baileyskuchen	42	300	+				+	+	
Beschwipste Schokoladenrolle	43	310		+				+	
Apfelweinkuchen	44	490		+	+	+	+		
Zwetschgen-Amaretto-Kuchen	46	260	+					+	
Rhabarber-Campari-Kuchen	47	370		+		+			
Caipirinhakuchen	48	390		+			+		
Ananas-Rum-Bombe	49	660		+	+	+			
Eierlikör-Kirsch-Torte	50	490		+	+			+	
Himbeer-Kokos-Tarte	52	190		+		+		+	
Apfelstrudel aus Blätterteig	54	320	+		+			+	
Trauben-Frischkäse-Torte	55	380		+				+	
Nippontorte mit Kirschen	56	480				+	+	+	+
Birnen-Frischkäse-Torte	58	360				+		+	
Rote-Grütze-Torte	59	480		+		+	+	+	+
Mangotorte „Linzer Art“	60	340		+		+		+	
Zwetschgenwähe	61	260	+		+			+	

Obstvergnügen rund ums Jahr

Früchte sind die perfekten Partner von Rührteig, Hefeteig und Co. Eingebettet in eine Schicht Sahne oder umhüllt von feinstem Blätterteig lassen sie das Wasser im Mund zusammenlaufen. Das ganze Jahr über bietet uns Mutter Natur eine große Auswahl an frischen Früchten. Darüber hinaus sorgen moderne Lagerungsmethoden und Importe aus aller Welt dafür, dass uns stets frische Früchte zur Verfügung stehen. Somit haben Obstkuchen nicht nur im Sommer Hochsaison. Viele Obstsorten kann man heute fast das ganze Jahr über kaufen. Doch natürlich hat jede Frucht ihre Saison, in der sie besonders gut und preiswert ist. Die folgende Tabelle gibt einen Überblick über heimische Obstsorten und deren Saisonzeiten.

Saisonkalender

	Jan.	Feb.	März	April	Mai	Juni	Juli	Aug.	Sept.	Okt.	Nov.	Dez.
Äpfel						+	+	+	+	+	+	
Aprikosen						+	+	+				
Birnen							+	+	+	+	+	
Brombeeren							+	+	+	+		
Erdbeeren					+	+	+	+	+			
Heidelbeeren						+	+	+	+			
Himbeeren					+	+	+	+	+			
Holunderbeeren									+	+		
Johannisbeeren						+	+	+	+			
Kirschen						+	+	+				
Mirabellen							+	+	+			
Nektarinen						+	+	+	+			
Nüsse							+	+	+	+	+	+
Pfirsiche							+	+	+			
Pflaumen							+	+	+			
Preiselbeeren								+	+	+		
Quitten									+	+	+	+
Renekloden							+	+	+			
Rhabarber				+	+	+	+					
Stachelbeeren					+	+	+	+	+			
Weintrauben								+	+	+		
Zwetschgen							+	+	+			

So gelingt der Kuchen

Die **Form** bzw. das **Blech** sollte unbedingt vor dem Backen mit Butter oder Margarine eingefettet werden und eventuell zusätzlich mit Mehl oder Paniermehl ausgestäubt werden, damit sich der Kuchen nach dem Backen gut herauslösen lässt. Dies gilt auch für beschichtete Formen. Eine Alternative zum Einfetten ist das Auslegen der Form mit Backpapier. Dies erleichtert das mühselige Reinigen der Form.

Backtemperatur und **-zeit**: Ob Gas-, Umluft- oder Elektroherd, in den Rezepten ist jeweils die Temperatur für alle drei Backofentypen angegeben. Diese Backzeiten sollten Sie aber nur als Richtwerte ansehen, da sie auch von so unterschiedlichen Faktoren wie Backofentyp, Alter des Herds oder von der Backform abhängen. Prüfen Sie deshalb schon einige Zeit vor Ende der angegebenen Backzeit, ob der Kuchen gar ist. Dies erfolgt am besten durch eine Garprobe (siehe unten).

Generell sollte der Backofen vorgeheizt werden. Dies gilt besonders für den Elektroherd. Der Gasherd benötigt eine etwas kürzere, der Umluftherd keine Vorheizzeit. Der Zeitpunkt zum Einschalten des Ofens ist in den Rezepten an der entsprechenden Stelle im Arbeitsablauf angegeben.

Die Garprobe: Um festzustellen, ob der Kuchen gar ist, sticht man mit einem dünnen Holzstäbchen (Zahnstocher oder Schaschlikspieß) senkrecht in die höchste Kuchenstelle bis zum Boden ein. Bleiben keine feuchten Teigreste daran haften, ist der Kuchen gar.

Achtung: Wenn Schokolade mitgebacken wird, kann eine Stäbchenprobe leicht täuschen. Oft kleben keine Teigreste am Stäbchen, sondern geschmolzene Schokolade.

Lösen aus der Form: Lassen Sie den Kuchen nach dem Backen noch einige Minuten in der Form ruhen, bevor Sie ihn herauslösen. Beim Abkühlen zieht sich der Kuchen etwas zusammen und es entsteht ein kleiner Zwischenraum zwischen Kuchen und Form. Mit einem Messer den Teig vom Formrand lösen und den Kuchen auf ein Kuchengitter stürzen.

Zu lange sollte der Kuchen aber nicht in der Form abkühlen, da er sonst haften bleiben könnte. Stellen Sie ihn in diesem Fall noch einmal kurz in den noch warmen Ofen – oder legen Sie ein heißes, feuchtes Tuch um die Form, lassen es kurz einwirken und versuchen erneut, den Kuchen aus der Form zu lösen.

Der Kuchen sollte immer auf einem Kuchengitter auskühlen, damit sich kein Kondenswasser bildet und den Kuchen aufweicht.

Tipps und Tricks

Hefeteig: Damit der Teig gut geht, sollte er an einem warmen Ort stehen, an dem es nicht zieht. Im Sommer fühlt sich der Hefeteig in der Sonne auf der Fensterbank wohl, im Winter tut ihm die nicht zu heiße Heizung gut. Sie können den Hefeteig bei niedrigster Temperatur auch im Backofen gehen lassen. Verwenden Sie dazu eine Metallschüssel. Diese leitet die Wärme gut zum Teig weiter.

Eine Variante der Hefeteigzubereitung ist die „kalte Führung“. Hierzu werden die Zutaten nicht mit warmer, sondern mit kalter Flüssigkeit verknetet. Die Zubereitung eines Vorteigs entfällt. Der gut geknetete Teig wird zugedeckt für mindestens 8 Stunden kühl gestellt. Die Hefe arbeitet dann viel langsamer. So können Sie z. B. den Teig schon am Vorabend zubereiten und über Nacht im Kühlschrank gehen lassen. Länger als 14 Stunden sollte er allerdings nicht im Kühlschrank bleiben.

Mit einem kleinen Handteigroller können Sie den Hefeteig direkt auf dem Backblech oder in der Form ausrollen.

Die Rezepte in diesem Buch werden mit frischer Hefe zubereitet. Sie können natürlich auch Trockenhefe nehmen. Verwenden Sie die Trockenhefe genauso wie frische Hefe. Sie können die Trockenhefe aber auch direkt mit dem Mehl mischen und die restlichen Zutaten unterkneten.

Biskuitteig sollte direkt nach dem Zubereiten gebacken werden, da er sonst nicht so luftig und locker wird.

Es genügt, wenn Sie nur den Boden der Form einfetten bzw. mit Backpapier auslegen. Ein Biskuitboden lässt sich gut vorbereiten. Sie können ihn bereits am Vortag backen. Zudem lässt er sich gut einfrieren. Dafür den Boden auskühlen lassen und in Aluminiumfolie verpacken. Biskuitboden ist auch sehr vielseitig. Durch Zugabe von Kakao, Nüssen, Schokoladenstückchen oder abgeriebener Orangenschale lassen sich schnell neue Rezeptideen zaubern.

Für Biskuitrollen muss die Biskuitplatte direkt nach dem Backen auf ein mit Zucker bestreutes Küchentuch gestürzt und sofort auf-

gerollt werden. In diesem Zustand den Biskuitboden auskühlen lassen. Zum Füllen wird er wieder vorsichtig auseinander gerollt.

Rührteig: Alle Zutaten sollten Zimmertemperatur haben. Stellen Sie deshalb alles rechtzeitig bereit. Ist die Zeit knapp, können Sie die Eier in warmes Wasser legen und die Butter leicht erwärmen.

Sollte der Teig einmal gerinnen, da die Eier nicht die gleiche Temperatur wie die Fett-Zucker-Masse haben, rühren Sie ihn über einem warmen Wasserbad wieder glatt. Wenn der Teig zu fest ist, geben Sie noch etwas Milch hinzu.

Mürbeteig: Die Zutaten, Ihre Hände sowie die Arbeitsfläche sollten kühl sein, da der Teig sonst klebrig wird. Die Hände am besten unter fließendem kaltem Wasser abkühlen. Ideal ist es, den Mürbeteig in einer Küchenmaschine mit Knethaken zuzubereiten, da hier die Verarbeitung sehr rasch geht.

Mürbeteig muss vor dem Backen gekühlt werden. Sie können ihn auch ruhig über Nacht – oder sogar einige Tage – im Kühlschrank ruhen lassen. Mürbeteig lässt sich sehr gut einfrieren. Lassen Sie ihn vor Gebrauch im Kühlschrank auftauen.

Gebäck/Teigart	Max. Gefrierdauer
Biskuitboden	4–5 Monate
Blechkuchen	2–4 Monate
Hefekuchen	5 Monate
Hefeteig roh	3 Monate
Mürbeteigboden	5 Monate
Mürbeteig roh	3 Monate
Rührkuchen	6 Monate
Rührteig roh	4 Monate
Sahnetorte	5 Monate
Strudel	4 Monate

Aufbewahren von Gebäck

Keine Frage – frisch gebacken schmecken die Kuchen am besten. Allerdings ist es sehr praktisch, fertig gebackene Kuchen in der Tiefkühltruhe zu haben.

Die meisten Kuchen lassen sich im Kühlschrank 2–3 Tage lagern. Achten Sie darauf, dass die Kuchen gut verpackt sind, z. B. in Frischhaltefolie oder verschließbaren Vorratsdosen. Trockene Kuchen können bei Zimmertemperatur gelagert werden. Bei Obstkuchen sollte jedoch immer genau geprüft werden, ob sich kein Schimmel gebildet hat.

Zum Einfrieren den Kuchen gut verpacken. Blechkuchen in Stücke schneiden und Klarsichtfolie dazwischen legen. Ebenso bei mehrschichtigen Böden. Zum Auftauen brauchen Kuchen je nach Größe 2–5 Stunden. Sie können den Kuchen auch im Backofen bei etwa 175 °C (Umluft 150 °C; Gas Stufe 2) aufbacken. Je nach Gebäckart dauert das 10–30 Minuten.

Die Tabelle oben zeigt, welche Kuchensorten sich zum Einfrieren eignen und wie lange sie eingefroren werden können.

Die Rezepte

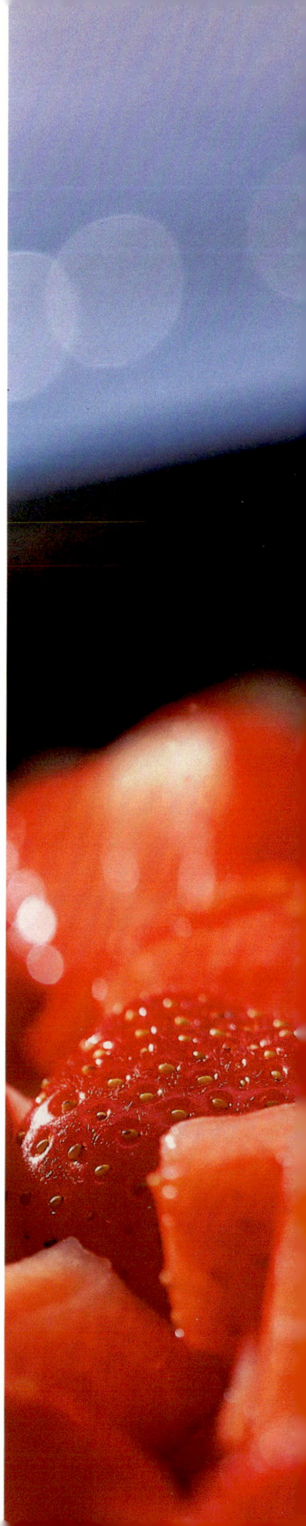

Himbeer-Schokino-Kuchen

- schnell
- für Gäste
- preiswert
- dekorativ
- Trend
- einfach
- für Kids

Zutaten

200 g TK-Himbeeren · 1 EL Dinkelmehl (Type 630) · Fett und Mehl für die Form

250 g Margarine · 150 g Zucker · 1 P. Bourbon-Vanillezucker · abgeriebene Schale von 1 unbehandelten Zitrone · 4 frische Eier · 2 EL Rum

200 g Dinkelmehl (Type 630) · 100 g Speisestärke · 2–3 TL Backpulver · 100 g Schokoflocken

Puderzucker zum Bestäuben

Für etwa 20 Stücke
Zubereitungszeit: etwa 30 Min.
Backzeit: etwa 50 Min.
etwa 230 kcal je Stück

Tipps

Wenn Sie die Himbeeren mit etwas Mehl vermischen, verhindern Sie dadurch, dass die Früchte beim Backen auf den Kuchenboden sinken.
Sollten Sie kein Dinkelmehl zur Hand haben, können Sie normales Weizenmehl verwenden.
Natürlich eignen sich für den Himbeer-Schokino-Kuchen auch frische Früchte. In der Himbeersaison von Mai bis September können Sie sich die Früchte auf Vorrat einfrieren. Dafür verlesen Sie die Himbeeren, legen diese nebeneinander auf ein Küchenbrett und lassen sie im Gefrierschrank anfrosten. Füllen Sie die Früchte dann zur endgültigen Lagerung in einen Gefrierbehälter.

1 Die Himbeeren in einem Sieb auftauen und gut abtropfen lassen. Mit dem Mehl vorsichtig mischen. Den Backofen auf 175 °C (Umluft 150 °C; Gas Stufe 2) vorheizen. Eine Gugelhupfform einfetten und bemehlen.

2 Die Margarine mit einem elektrischen Rührgerät schaumig schlagen. Den Zucker, den Vanillezucker und die Zitronenschale hinzufügen. Die Eier nach und nach unterrühren und den Rum dazugeben.

3 Mehl, Speisestärke und Backpulver sorgfältig miteinander mischen, sieben und nach und nach mit den Schokoflocken unter die Eiermasse rühren.

4 Etwas Teig in die vorbereitete Form geben und gleichmäßig verteilen. Die Himbeeren vorsichtig unter den restlichen Teig heben und diesen in die Form füllen. Das Ganze auf der mittleren Schiene etwa 50 Minuten backen. Den Kuchen auf einem Kuchengitter auskühlen lassen. Kurz vor dem Servieren mit Puderzucker bestäuben.

Zutaten

150 g Butter · 120 g Zucker ·
2 P. Vanillezucker · 1 Prise Salz ·
Fett und Mehl für die Form

500 g Rhabarber

5 frische Eier · 150 g Mehl ·
75 g Speisestärke ·
2 TL Backpulver

80 g Zucker · 125 g saure Sahne ·
Puderzucker zum Bestäuben

Für etwa 12 Stücke
Zubereitungszeit: etwa 30 Min.
Backzeit: etwa 1 Std.
etwa 310 kcal je Portion

Rhabarberkuchen mit saurer Sahnehaube

- schnell
- für Gäste
- preiswert
- dekorativ
- Trend
- einfach
- für Kids

1 Den Backofen auf 180 °C (Umluft 150 °C; Gas Stufe 2) vorheizen. Eine Springform (etwa 26 cm Ø) einfetten und bemehlen. Die Butter mit dem Zucker, dem Vanillezucker und etwas Salz mit einem elektrischen Rührgerät cremig rühren.

2 Den Rhabarber waschen, die Enden abschneiden, Haut und Fäden entfernen und die Stangen in etwa 3 cm lange Stücke schneiden.

3 Nach und nach 3 Eier zur Zuckermasse geben. Mehl, Speisestärke und Backpulver gut vermischen, sieben und ebenfalls unterrühren.

4 Den Teig in die Form geben und glatt streichen. Die Rhabarberstücke darauf verteilen. Auf mittlerer Schiene etwa 35 Minuten backen. Den Kuchen nicht aus der Form nehmen.

5 Die restlichen Eier mit 80 g Zucker schaumig schlagen, die saure Sahne unterheben und die Masse auf dem vorgebackenen Kuchen verteilen. Diesen bei gleicher Temperatur weitere 25 Minuten backen. Auskühlen lassen und vor dem Servieren mit Puderzucker bestäuben.

Tipps

Achten Sie beim Rhabarberkauf auf die Schnittstellen. Je feuchter diese sind, desto frischer ist die Frucht. Wenn Sie den Rhabarber nicht gleich verarbeiten können, wickeln Sie ihn in ein leicht angefeuchtetes Küchentuch und legen ihn in den Kühlschrank. So bleibt er 2–3 Tage frisch.

Erfrischungskuchen

Zutaten
Fett und Mehl für die Form
180 g Margarine · 75 g Zucker · 4 frische Eier
150 g Weizenvollkornmehl · 2 TL Backpulver · 100 g Haferflocken · 4 Orangen, 1 davon unbehandelt
1 Prise Salz
2 EL Zitronensaft

schnell ⊖
für Gäste ⊖
preiswert ⊕
dekorativ ⊖
Trend ⊖
einfach ⊕
für Kids ⊕

Für etwa 20 Stücke
Zubereitungszeit: etwa 40 Min.
Backzeit: etwa 50 Min.
etwa 160 kcal je Stück

1 Den Backofen auf 190 °C (Umluft 160 °C; Gas Stufe 3) vorheizen. Eine Kastenform (etwa 26 cm lang) einfetten und bemehlen.

2 Die Margarine mit einem elektrischen Rührgerät schaumig schlagen. Den Zucker unterrühren. Die Eier trennen und das Eigelb nach und nach zur Buttermasse geben.

3 Das Mehl mit dem Backpulver mischen und portionsweise unter die Eiercreme rühren. Die Haferflocken beimengen. Die abgeriebene Schale der unbehandelten Orange zum Teig geben. Die Orange auspressen und den Saft beiseite stellen Die restlichen Orangen schälen und filetieren. Die Filets in kleine Stücke schneiden und unter den Teig heben.

4 Die Eiweiße mit dem Salz steif schlagen. Den Eischnee vorsichtig unter den Teig heben. Diesen in die vorbereitete Form geben und auf mittlerer Schiene etwa 50 Minuten backen. Den Kuchen auf ein Kuchengitter stürzen und abkühlen lassen.

5 Dann 125 ml Orangensaft abmessen und mit dem Zitronensaft vermischen. Den noch warmen Kuchen mit der Flüssigkeit tränken. Am besten gelingt dies mit einem Pinsel.

Tipp
Überziehen Sie den Kuchen mit einer Glasur aus 150 g Puderzucker und 2 EL Orangensaft.

Zutaten

7 Ananasscheiben aus der Dose · Fett und Mehl für die Form

175 g Butter · 150 g Zucker · 1 P. Vanillezucker · 3 frische Eier · 200 g Mehl · 2 TL Backpulver · 75 g Kokosraspel

100 g Schokoladenglasur

Für etwa 12 Stücke
Zubereitungszeit: etwa 20 Min.
Backzeit: etwa 30 Min.
etwa 330 kcal je Portion

Ananas-Kokos-Kuchen

- schnell
- für Gäste
- preiswert
- dekorativ
- Trend
- einfach
- für Kids

1 Die Ananasscheiben in einem Sieb abtropfen lassen. Den Backofen auf 200 °C (Umluft 170 °C; Gas Stufe 3) vorheizen. Eine Springform (etwa 26 cm Ø) einfetten und bemehlen.

2 Butter, Zucker und Vanillezucker mit einem elektrischen Handrührgerät cremig rühren. Die Eier nach und nach hinzufügen. Das Mehl mit dem Backpulver mischen. 50 g Kokosraspel abwechselnd mit dem Mehl unter die Eiermasse geben.

3 Den Teig in die vorbereitete Form füllen und glatt streichen. 1 Ananasscheibe in die Mitte legen und die restlichen Scheiben kreisförmig herumlegen. Auf der mittleren Schiene etwa 30 Minuten backen. Den Kuchen auf einem Kuchengitter auskühlen lassen.

4 Die Schokoladenglasur über einem heißen Wasserbad schmelzen und mit Hilfe eines Pinseln auf den Teig auftragen. Die Ananasscheiben dabei aussparen. Die restlichen Kokosraspel auf die noch feuchte Glasur streuen.

Zutaten

Fett und Mehl für die Form ·
1 Glas Sauerkirschen (etwa 700 g)
150 g Margarine · 200 g Zucker ·
2 frische Eier · 400 g Dickmilch
400 g Mehl · 1 Prise Zimt ·
3–4 EL Kakao · 2 TL Natron
Puderzucker zum Bestäuben

Für etwa 20 Stücke
Zubereitungszeit: etwa 30 Min.
Backzeit: etwa 50 Min.
etwa 210 kcal je Stück

Dickmilchkuchen mit Kirschen

1 Eine Gugelhupfform einfetten und bemehlen. Die Sauerkirschen in einem Sieb abtropfen lassen. Den Backofen auf 180 °C (Umluft 150 °C; Gas Stufe 2) vorheizen.

2 Die Margarine mit einem elektrischen Handrührgerät schaumig schlagen. Zucker, Eier und Dickmilch hinzufügen.

3 Mehl, Zimt, Kakao und Natron mischen, sieben und löffelweise unter die Eier-Dickmilch-Masse mengen. Die Sauerkirschen vorsichtig darunter heben.

4 Den Teig in die vorbereitete Form geben, glatt streichen und auf der mittleren Schiene etwa 50 Minuten backen. Den Kuchen auf ein Kuchengitter stürzen und auskühlen lassen. Kurz vor dem Servieren mit Puderzucker bestäuben.

Tipp
Lassen Sie den fertigen Teig nicht in der Form stehen, sondern schieben Sie ihn gleich in den heißen Backofen, da sonst die Kirschen auf den Boden der Backform absinken.

schnell ⊕
für Gäste ⊖
preiswert ⊕
dekorativ ⊖
Trend ⊖
einfach ⊕
für Kids ⊕

Johannisbeer-Mandel-Baiserkuchen

- schnell
- für Gäste
- **preiswert**
- dekorativ
- Trend
- **einfach**
- für Kids

Zutaten

Fett und Mehl für die Form · 500 g rote Johannisbeeren

4 frische Eier · 100 g Margarine · 200 g Zucker · 175 g Mehl · 2 TL Backpulver · 150 g gemahlene Mandeln · 7 EL Milch

1 TL Zitronensaft

3 EL Mandelblättchen · Puderzucker zum Bestäuben, nach Belieben

Für etwa 12 Stücke
Zubereitungszeit: etwa 40 Min.
Backzeit: etwa 1 Std.
etwa 330 kcal je Portion

1 Eine Springform (etwa 26 cm Ø) einfetten und bemehlen. Die Johannisbeeren waschen, in einem Sieb abtropfen lassen und die Beeren von den Rispen streifen. Den Backofen auf 175 °C (Umluft 150 °C; Gas Stufe 2) vorheizen.

2 Dann 2 Eier trennen. Das Eiweiß kalt stellen. Die Margarine mit 125 g Zucker cremig rühren. Die Eigelbe mit den restlichen 2 Eiern nach und nach unterrühren. Das Mehl mit dem Backpulver mischen und abwechselnd mit Mandeln und Milch unter die Eiermasse rühren.

3 Den Teig in die vorbereitete Form füllen und glatt streichen. Die Johannisbeeren darauf verteilen und etwas in den Teig drücken. Im heißen Ofen auf der mittleren Schiene 45–50 Minuten backen.

4 Inzwischen das Eiweiß steif schlagen, den restlichen Zucker langsam einrieseln lassen und den Zitronensaft unterrühren.

5 Die Baisermasse auf dem noch heißen Kuchen verteilen, mit den Mandelblättchen bestreuen und weitere 15–20 Minuten backen. Den Kuchen auf einem Gitter auskühlen lassen. Vor dem Servieren nach Belieben mit Puderzucker bestäuben.

Variation

Sie können das Rezept leicht abändern, indem Sie die Mandeln durch gemahlene Haselnüsse ersetzen und die Baisermasse mit Haselnussblättchen bestreuen.

Tipp

Damit die Baiseroberfläche nicht bricht, wenn Sie den Kuchen portionieren, nehmen Sie zum Schneiden ein scharfes Messer und fetten dieses vorher mit etwas Öl ein.

Vollkornapfelkuchen

- schnell
- für Gäste
- preiswert
- dekorativ
- Trend
- einfach
- für Kids

Zutaten

Fett und Mehl für die Form

60 g Walnusskerne · 3 große säuerliche Äpfel

6 frische Eier · 250 g Zucker · 2 P. Vanillezucker · 1–2 TL Zimt · $^1/_4$ l Speiseöl

350 g Weizenvollkornmehl · 1 $^1/_2$ P. Backpulver · Puderzucker zum Bestäuben, nach Belieben

Für etwa 16 Stücke
Zubereitungszeit: etwa 30 Min.
Backzeit: etwa 1 Std.
etwa 360 kcal je Portion

1 Den Backofen auf 175 °C (Umluft 150 °C; Gas Stufe 2) vorheizen. Eine Springform (etwa 26 cm Ø) mit Rohrbodeneinsatz einfetten und bemehlen.

2 Die Walnusskerne grob hacken. Äpfel schälen, vierteln, entkernen und in kleine Würfel schneiden.

3 Die Eier mit einem elektrischen Rührgerät cremig schlagen. Zucker, Vanillezucker und Zimt unterrühren, dann das Öl hinzufügen.

4 Das Mehl mit dem Backpulver vermischen, sieben und löffelweise der Eiermasse beimengen. Nüsse und Apfelwürfel unter den Teig heben. Diesen in die vorbereitete Form geben und das Ganze im heißen Backofen etwa 1 Stunde auf mittlerer Schiene backen. Auf ein Kuchengitter stürzen, auskühlen lassen und vor dem Servieren nach Belieben mit Puderzucker bestäuben.

Tipp

Folgende Apfelsorten eignen sich besonders gut für Obstkuchen: Boskop ist ein süßsäuerlicher Apfel mit viel Vitamin C. Elstar besitzt eine fein würzige Note und ist säuerlich im Geschmack. Braeburn und Jonagold zeichnen sich durch sehr saftiges Fruchtfleisch aus.

Zutaten

Fett und Mehl für die Form

100 g Butter · 250 g Zucker · 1 P. Vanillezucker · 100 g Sahne · 3 frische Eier

400 g Mehl · 1 P. Backpulver · 100 g gemahlene Haselnüsse · 4 reife Bananen

150 g Zartbitterkuvertüre · 50 g weiße Kuvertüre

Für etwa 16 Stücke
Zubereitungszeit: etwa 40 Min.
Backzeit: etwa 1 Std.
etwa 370 kcal je Portion

Bananenkuchen

1 Den Backofen auf 180 °C (Umluft 150 °C; Gas Stufe 2) vorheizen. Eine Springform (etwa 26 cm Ø) mit Rohrbodeneinsatz einfetten und mit Mehl bestäuben.

2 Butter, Zucker und Vanillezucker mit einem elektrischen Rührgerät schaumig schlagen. Die Sahne zufügen und die Eier nach und nach dazugeben.

3 Das Mehl und das Backpulver vermischen, sieben und mit den Nüssen löffelweise unter die Eiermasse rühren. Die Bananen schälen, das Fruchtfleisch mit einer Gabel zerdrücken und das Bananenmus unter den Teig mengen.

4 Die Masse in die vorbereitete Form füllen und auf der mittleren Schiene etwa 1 Stunde backen. Den Kuchen auf ein Kuchengitter stürzen und auskühlen lassen.

5 Die Zartbitterkuvertüre über einem heißen Wasserbad schmelzen und den Kuchen damit bestreichen. Die weiße Kuvertüre ebenfalls über einem heißen Wasserbad vorbereiten, in einen Gefrierbeutel füllen und von diesem ein winziges Eckstück abschneiden. Damit die helle Kuvertüre spiralförmig auf die dunkle spritzen.

schnell ⊖
für Gäste ⊖
preiswert ⊕
dekorativ ⊖
Trend ⊖
einfach ⊕
für Kids ⊕

Donauwellen mit Mohn und Aprikosen

- schnell
- für Gäste
- preiswert
- dekorativ
- Trend
- einfach
- für Kids

Zutaten

Fett und Mehl für das Blech · 3 Dosen Aprikosen (à 850 g)

250 g Margarine · 225 g Zucker · 1 P. Vanillezucker · 5 frische Eier · 350 g Mehl · 1 P. Backpulver

1 P. Mohnback (250 g) (siehe Tipp S. 28)

1 P. Vanillepuddingpulver · $^1/_2$ l Milch · 500 g Magerquark · 150 g Butter

je 150 g Halbbitter- und Vollmilchkuvertüre · 75 g Kokosfett

Für etwa 24 Stücke
Zubereitungszeit: etwa 1 $^1/_2$ Std.
Backzeit: etwa 35 Min.
Kühlzeit: etwa 2 Std.
etwa 460 kcal je Stück

1 Den Backofen auf 175 °C (Umluft 150 °C; Gas Stufe 2) vorheizen. Ein Backblech einfetten und bemehlen. Die Aprikosen in einem Sieb abtropfen lassen.

2 Margarine, 150 g Zucker und Vanillezucker mit einem elektrischen Rührgerät cremig rühren. Nach und nach die Eier hinzufügen. Das Mehl und das Backpulver vermischen, sieben und löffelweise unter die Eiermasse mengen.

3 Die eine Hälfte des Teigs auf das Backblech geben und glatt streichen. Die andere mit dem Mohnback verrühren und auf dem hellen Teig gleichmäßig verteilen. Die Aprikosen mit der Wölbung nach oben auf den Teig legen. Alles auf mittlerer Schiene etwa 35 Minuten backen, aus dem Ofen nehmen und auskühlen lassen.

4 Das Puddingpulver mit dem restlichen Zucker und 8 EL Milch für die Buttercreme verrühren. Die restliche Milch aufkochen. Das Puddingpulver-Milch-Gemisch unter die kochende Milch rühren. Den Pudding von der Hitze nehmen und erkalten lassen. Den Quark mit dem Pudding vermengen. Die Butter mit einem elektrischen Rührgerät cremig schlagen und die Puddingmasse esslöffelweise hinzugeben. Die Buttercreme auf den Kuchen streichen und alles etwa 2 Stunden kühl stellen.

5 Die Kuvertüre grob zerkleinern und mit dem Kokosfett über einem Wasserbad schmelzen. Lauwarm auf der Buttercreme mit einem Messer gleichmäßig verteilen, mit einem Tortenkamm ein wellenförmiges Muster ziehen und die Kuvertüre trocknen lassen.

Tipp

Damit die Buttercreme gelingt, ist es wichtig, dass Butter und Creme die gleiche Temperatur haben. Wenn die Creme zu warm ist, schmilzt die Butter und hat keinen Stand mehr. Ist sie zu kalt, gerinnt die Butter.

Variation

Für die klassische Donauwelle ersetzen Sie die Aprikosen durch 2 Gläser Sauerkirschen und das Mohnback durch 2 EL Kakaopulver.

Heidelbeer-Mandel-Kuchen

- ● schnell
- ● für Gäste
- ● preiswert
- ● dekorativ
- ● Trend
- ● einfach
- ● für Kids

Zutaten

750 g Heidelbeeren

300 g Margarine · 200 g Zucker · 1 P. Vanillezucker · Schale von 1/2 unbehandelten Zitrone · 4 frische Eier · 100 g Crème fraîche

300 g Mehl · 2 TL Backpulver · 100 g gemahlene Mandeln · Puderzucker zum Bestäuben

Für etwa 20 Stücke
Zubereitungszeit: etwa 35 Min.
Backzeit: etwa 30 Min.
etwa 310 kcal je Stück

1 Die Heidelbeeren waschen und in einem Sieb abtropfen lassen. Den Backofen auf 200 °C (Umluft 170 °C; Gas Stufe 3) vorheizen. Ein Backblech mit Backpapier auslegen.

2 Margarine, Zucker, Vanillezucker und Zitronenschale cremig rühren. Nach und nach Eier und Crème fraîche hinzufügen.

3 Das Mehl mit dem Backpulver mischen, sieben und abwechselnd mit den Mandeln unter die Rührmasse mengen. Den Teig auf das vorbereitete Backblech geben und glatt streichen. Die Heidelbeeren auf dem Teig verteilen und alles auf der mittleren Schiene etwa 30 Minuten backen. Auskühlen lassen und kurz vor dem Servieren mit Puderzucker bestäuben.

Tipp
Wenn die Heidelbeerzeit vorbei ist und Sie keine frischen Früchte bekommen, können Sie auch Tiefkühlware verwenden.
Lassen Sie dann die Beeren in einem Sieb auftauen und vermengen Sie diese vor dem Backen vorsichtig mit 2 EL Mehl.

Zutaten

Fett und Mehl für das Blech ·
150 ml lauwarme Milch ·
80 g Zucker · 1 Würfel Hefe

550 g Mehl · 170 g Butter ·
3 P. Vanillezucker · 1 TL abgeriebene Schale von 1 unbehandelten Zitrone · 3 frische Eier ·
1 Prise Salz

200 g Crème fraîche · 50 g Mohn

2 kg säuerliche Äpfel

1 EL Zitronensaft

Für etwa 20 Stücke
Zubereitungszeit: etwa 1 Std.
Gehzeit: etwa 1 Std.
Backzeit: etwa 45 Min.
etwa 330 kcal je Stück

Apfelkuchen mit Mohnstreusel

1 Den Backofen auf 175 °C (Umluft 150 °C; Gas Stufe 2) vorheizen. Ein tiefes Backblech (Fettpfanne) einfetten und bemehlen. Die Milch mit 2 EL Zucker verrühren, die Hefe darin auflösen und etwa 10 Minuten an einem warmen Ort gehen lassen.

2 In eine große Schüssel 500 g Mehl sieben. 100 g Butter, 1 P. Vanillezucker, Zitronenschale, 2 Eier, Salz und den Vorteig hinzufügen und mit dem Knethaken des elektrischen Rührgeräts zu einem glatten Teig verarbeiten. Diesen mit einem Tuch bedecken und an einem warmen Ort auf doppelte Größe aufgehen lassen.

3 Inzwischen für den Belag die Crème fraîche mit 2 P. Vanillezucker und 1 Ei verrühren. Den Mohn mahlen und zusammen mit 50 g Zucker, 50 g Butter und 50 g Mehl zu Streuseln verarbeiten.

4 Den Hefeteig nochmals kräftig durchkneten und auf dem vorbereiteten Backblech ausrollen. Die Äpfel schälen, vierteln, das Kerngehäuse entfernen und in schmale Spalten schneiden. Die Crème-fraîche-Masse auf den Teig geben, verstreichen und die Apfelspalten in schrägen Reihen auf dem Teig verteilen.

5 Die restlichen 20 g Butter mit dem Zitronensaft zerlassen und die Apfelschnitze damit bestreichen. Die Mohnstreusel darüber geben und das Ganze auf mittlerer Schiene etwa 45 Minuten backen.

schnell −
für Gäste +
preiswert +
dekorativ +
Trend −
einfach −
für Kids −

Zutaten

6 frische Eier · 450 g Mehl · 350 g Zucker · 1 P. Vanillezucker · 200 g Butter
Fett und Mehl für das Blech
1,5 kg Rhabarber
100 g gemahlene Mandeln

Für etwa 24 Stücke
Zubereitungszeit: etwa 1 Std.
Wartezeit: etwa 45 Min.
Backzeit: etwa 40 Min.
etwa 180 kcal je Stück

Rhabarber-Baiser-Kuchen

- schnell
- für Gäste
- preiswert
- dekorativ
- Trend
- einfach
- für Kids

1 Die Eier trennen. Mehl, 150 g Zucker, Vanillezucker, Eigelbe und Butter mit dem Knethaken eines elektrischen Rührgeräts zu einem glatten Teig verarbeiten. Diesen in Frischhaltefolie wickeln und etwa 30 Minuten kühl stellen.

2 Den Backofen auf 200 °C (Umluft 170 °C; Gas Stufe 3) vorheizen. Ein Backblech einfetten und mit Mehl bestäuben. Den Teig auf dem Backblech ausrollen, mit einer Gabel mehrmals einstechen und 5–7 Minuten backen. Anschließend die Backofentemperatur auf 250 °C (Umluft 220 °C; Gas Stufe 5) erhöhen.

3 Für den Belag den Rhabarber waschen, putzen, schälen und in kleine Stücke schneiden. Diese dann mit 100 g Zucker bestreuen und kurz durchziehen lassen.

4 Den Rhabarber auf dem vorgebackenen Boden verteilen und weitere 15–20 Minuten backen, bis der Rhabarber weich ist.

5 Inzwischen die Eiweiße steif schlagen, dabei den restlichen Zucker einrieseln lassen. Die gemahlenen Mandeln behutsam unter den Eischnee heben.

6 Den Mandel-Eischnee auf dem heißen Kuchen verteilen und bei gleicher Temperatur erneut 8–10 Minuten backen, bis die Baisermasse leicht gebräunt ist.

Tipp
Dieser Kuchen schmeckt frisch am besten, da der Boden durch den Rhabarber schnell durchweicht.

Rote-Grütze-Butterkuchen

1 Den Backofen auf 200 °C (Umluft 170 °C; Gas Stufe 3) vorheizen. Ein tiefes Backblech (Fettpfanne) einfetten und bemehlen.

2 Die Sahne mit den Eiern, 150 g Zucker, Vanillezucker, Zitronenschale und Salz verrühren. Das Mehl und das Backpulver mischen, sieben und löffelweise hinzufügen.

3 Den Teig auf das vorbereitete Blech geben, gleichmäßig verteilen und etwa 10 Minuten auf mittlerer Schiene backen.

4 Inzwischen die Butter zerlassen und den restlichen Zucker und die Milch unterrühren. Kurz aufkochen lassen. Die Mandelblättchen beimengen. Zuerst die rote Grütze, dann die Mandelmasse als Kleckse auf dem Kuchen verteilen.

5 Den Kuchen bei gleicher Temperatur weitere 20 Minuten backen, auskühlen lassen und kurz vor dem Servieren nach Belieben mit Puderzucker bestäuben.

Tipp
Achten Sie bereits beim Einkauf darauf, dass die rote Grütze nicht zu dünnflüssig ist. Bei Bedarf können Sie sie mit etwas Speisestärke andicken.

Variation
Auch die in vielen Lebensmittelläden erhältliche grüne Grütze aus Weintrauben, Stachelbeeren, Kiwis usw. eignet sich hervorragend für diesen Kuchen.

Zutaten

Fett und Mehl für das Blech

250 g Sahne · 4 frische Eier · 250 g Zucker · 1 P. Vanillezucker · abgeriebene Schale von 1 unbehandelten Zitrone · 1 Prise Salz · 300 g Mehl · 1 P. Backpulver

125 g Butter · 4 EL Milch · 200 g Mandelblättchen · 500 g rote Grütze

Puderzucker zum Bestäuben, nach Belieben

Für etwa 20 Stücke
Zubereitungszeit: etwa 30 Min.
Backzeit: etwa 30 Min.
etwa 310 kcal je Stück

- schnell ●
- für Gäste
- preiswert
- dekorativ
- Trend ●
- einfach ●
- für Kids ●

Spiegeleikuchen

- schnell
- für Gäste
- preiswert
- dekorativ
- Trend
- einfach
- für Kids

Zutaten

Fett und Mehl für das Blech

200 g Margarine · 200 g Zucker · 1 P. Vanillezucker · 5 frische Eier · 250 g Mehl · 1 P. Backpulver

2 P. Vanillepuddingpulver · 1 l Milch · 500 g Schmand · 500 g Magerquark

1 Dose Aprikosen (850 g) · 2 P. Tortenguss klar

Für etwa 16 Stücke
Zubereitungszeit: etwa 40 Min.
Backzeit: etwa 35 Min.
etwa 410 kcal je Stück

1 Den Backofen auf 175 °C (Umluft 150 °C; Gas Stufe 2) vorheizen. Ein tiefes Backblech (Fettpfanne) einfetten und mit Mehl bestäuben.

2 Die Margarine mit 150 g Zucker und dem Vanillezucker cremig schlagen. Die Eier nacheinander hinzufügen. Das Mehl mit dem Backpulver mischen, alles sieben und löffelweise unterrühren.

3 Den Teig auf das Blech geben, gleichmäßig verteilen und auf mittlerer Schiene etwa 15 Minuten backen.

4 Inzwischen das Puddingpulver und den restlichen Zucker in etwa 150 ml Milch anrühren. Die restliche Milch aufkochen, das Puddingpulver-Milch-Gemisch unter Rühren hinzugeben und nochmals aufkochen lassen. Den Schmand und den Quark beimengen. Die Masse auf dem Boden verteilen und weitere 15–20 Minuten backen.

5 Die Aprikosen in ein Sieb geben und den Saft auffangen. Die Aprikosen gleichmäßig auf dem ausgekühlten Kuchen verteilen. Den Tortenguss nach Packungsanweisung mit dem Aprikosensaft zubereiten. Bei Bedarf den Saft mit Wasser auf die benötigte Menge auffüllen. Den Guss auf dem Kuchen verteilen und trocknen lassen.

Zutaten

$^{1}/_{2}$ Würfel Hefe · 125 ml Milch · 2 EL Zucker
250 g Mehl · 40 g Margarine · 1 frisches Ei
1 $^{1}/_{2}$ kg Zwetschgen · Fett für das Blech
300 g Mohn · 300 ml Milch · 200 g Sahne
40 g Margarine · 1 Eigelb · 75 g Zucker · 1 TL abgeriebene Schale von 1 unbehandelten Zitrone · 40 g Speisestärke
4 EL Hagelzucker nach Belieben

Für etwa 24 Stücke
Zubereitungszeit: etwa 1 $^{1}/_{4}$ Std.
Backzeit: etwa 35 Min.
Gehzeit: etwa 1 Std.
etwa 240 kcal je Stück

Zwetschgen-Mohn-Kuchen

- schnell
- **+ für Gäste**
- **+ preiswert**
- dekorativ
- Trend
- einfach
- für Kids

1 Die Hefe und den Zucker in lauwarmer Milch auflösen und an einem warmen Ort etwa 10 Minuten gehen lassen.

2 Das Mehl in eine große Schüssel sieben. Margarine, Ei und den Vorteig hinzufügen und mit dem Knethaken des elektrischen Rührgeräts zu einem glatten Teig verarbeiten. Diesen an einem warmen Ort auf doppelte Größe aufgehen lassen.

3 Inzwischen die Zwetschgen waschen, halbieren, entsteinen und an einer Seite etwas einschneiden. Den Backofen auf 200 °C (Umluft 170 °C; Gas Stufe 3) vorheizen. Ein tiefes Backblech (Fettpfanne) einfetten.

4 Den Mohn mahlen und mit Milch und Sahne aufkochen, von der Hitze nehmen und 10 Minuten quellen lassen.

5 Die Margarine zerlassen und mit Eigelb, Zucker, Zitronenschale und der mit etwas kaltem Wasser angerührten Speisestärke verrühren. Das Fett-Ei-Gemisch unter die Mohnmasse geben. Kurz aufkochen lassen.

6 Den Hefeteig kräftig durchkneten und auf dem Backblech ausrollen. Die Mohnmasse darauf verteilen. Die Zwetschgen mit der eingeschnittenen Seite nach oben in die Mohnmasse stecken und etwa 35 Minuten backen.

7 Den Kuchen gut auskühlen lassen und vor dem Servieren nach Belieben mit Hagelzucker bestreuen.

Tipp
Wenn Sie den Mohn nicht frisch mahlen wollen, können Sie den im Handel erhältlichen, fertig zubereiteten Mohn (Mohnback) verwenden. Für diesen Kuchen benötigen Sie davon 2 Packungen à 250 g.

Zutaten

$^3/_4$ Würfel Hefe (etwa 30 g) · 175 g Zucker · 200 ml Milch

100 g Butter · 375 g Mehl · 1 P. Vanillezucker · 8 frische Eier · 1 Prise Salz

Fett und Mehl für das Blech · 1 Glas Stachelbeeren (720 g)

500 g Magerquark · 1 P. Mandelpuddingpulver · abgeriebene Schale von 1 unbehandelten Zitrone

75 g Mandelblättchen · Puderzucker zum Bestäuben

Für etwa 24 Stücke
Zubereitungszeit: etwa 45 Min.
Backzeit: etwa 45 Min.
Gehzeit: etwa 1 $^1/_4$ Std.
etwa 230 kcal je Stück

Quark-Stachelbeer-Kuchen

1 Die Hefe und 1 TL Zucker in der leicht erwärmten Milch auflösen und an einem warmen Ort etwa 10 Minuten gehen lassen.

2 Inzwischen 50 g Butter zerlassen und mit Mehl, 2 EL Zucker, Vanillezucker, 1 Ei und Salz in eine große Schüssel geben. Den Vorteig hinzufügen und alles zu einem glatten Teig verkneten. Diesen mit einem Küchentuch zudecken und an einem warmen Ort auf doppelte Größe aufgehen lassen.

3 Den Backofen auf 175 °C (Umluft 150 °C; Gas Stufe 2) vorheizen. Ein tiefes Backblech (Fettpfanne) einfetten. Die Stachelbeeren in einem Sieb abtropfen lassen.

4 Den Hefeteig durchkneten, auf dem Backblech ausrollen und weitere 15 Minuten gehen lassen.

5 Inzwischen für den Belag die restliche Butter zerlassen und etwas abkühlen lassen. Die restlichen Eier trennen. Eigelbe zusammen mit Quark, restlichem Zucker, Puddingpulver und der Zitronenschale verrühren.

6 Die Eiweiße steif schlagen. Abwechselnd mit der geschmolzenen Butter unter die Quarkmasse heben. Die Quarkcreme auf den Teig streichen. Die Stachelbeeren darauf verteilen und mit den Mandelblättchen bestreuen. Alles etwa 45 Minuten backen, auskühlen lassen und kurz vor dem Servieren mit reichlich Puderzucker bestäuben.

schnell ⊖
für Gäste ⊖
preiswert ⊕
dekorativ ⊖
Trend ⊖
einfach ⊕
für Kids ⊖

Tipp
Natürlich eignen sich für diesen Kuchen auch frische Früchte. Die Stachelbeersaison beginnt Ende Mai und endet Anfang September.

Erdbeer-Yogurette-Torte

- schnell
- für Gäste
- preiswert
- dekorativ
- Trend
- einfach
- für Kids

Zutaten

3 frische Eier · 125 g Zucker · 65 g Mehl · 1 P. Vanillepuddingpulver

500 g Erdbeeren · 2 P. Yogurette (à 100 g)

4 Blatt weiße Gelatine

750 g Schmand

200 g Sahne · 1 P. Vanillezucker

3–4 EL gemahlene Pistazien · 2 EL Schokoflocken

Für etwa 12 Stücke
Zubereitungszeit: etwa 45 Min.
Backzeit: etwa 15 Min.
Kühlzeit: etwa 3 Std.
etwa 410 kcal je Stück

1 Den Backofen auf 200 °C (Umluft 170 °C; Gas Stufe 3) vorheizen. Eine Springform (etwa 26 cm Ø) mit Backpapier auslegen.

2 Die Eier mit 100 g Zucker schaumig schlagen. Mehl und Puddingpulver mischen, auf die Eiermasse sieben und unterheben.

3 Den Teig in die vorbereitete Form geben, gleichmäßig verteilen, etwa 15 Minuten backen und auskühlen lassen.

4 Für den Belag die Erdbeeren waschen und putzen. Einige schöne Erdbeeren für die Dekoration zur Seite legen, die restlichen in kleine Stücke schneiden. Die Schokoriegel in etwa 1/2 cm dicke Scheiben schneiden.

5 Die Gelatine in kaltem Wasser einweichen. Den Schmand und den restlichen Zucker miteinander verrühren. Die Gelatine ausdrücken und bei niedriger Hitze schmelzen. Etwas vom gezuckerten Schmand in die Gelatine geben. Die Gelatine unter die restliche Schmandmasse rühren.

6 Die Sahne mit dem Vanillezucker steif schlagen und unter die Schmandmasse heben. Die Erdbeerstücke und die Schokoriegelscheiben ebenfalls unterheben.

7 Den Tortenboden auf eine Kuchenplatte legen. Einen Tortenring um den Boden legen und die Sahnemasse darauf verteilen. Die Torte etwa 3 Stunden kühl stellen. Vor dem Servieren die Torte mit den zur Seite gelegten Erdbeeren, den Pistazien und den Schokoflocken garnieren.

Tipps

Sehr dekorativ sieht die Erdbeer-Yogurette-Torte auch mit einem dunklen Biskuitboden aus. Hierfür 1–2 EL Kakaopulver oder 60 g geschmolzene Schokolade unter die Biskuitmasse rühren. Wenn Sie eine Mokkaschokolade verwenden, bekommt der Biskuitboden einen köstlichen zart-herben Geschmack.

Zutaten

100 g Margarine · 325 g Zucker ·
1 P. Vanillezucker · 4 frische Eier ·
125 g Mehl · 1/2 P. Backpulver

100 g Mandelblättchen

300 g TK-Himbeeren · etwas
Apfelsaft · 1 P. Tortenguss rot

200 g Sahne · 1 P. Sahnesteif ·
100 g Joghurt

Für etwa 12 Stücke
Zubereitungszeit: etwa 1 Std.
Backzeit: etwa 40 Min.
Kühlzeit: etwa 1 Std.
etwa 360 kcal je Stück

Himbeerkratertorte

- schnell
- **für Gäste**
- preiswert
- dekorativ
- **Trend**
- einfach
- für Kids

1 Den Backofen auf 175 °C (Umluft 150 °C; Gas Stufe 2) vorheizen. Eine Springform (etwa 28 cm Ø) mit Backpapier auslegen.

2 Die Margarine mit 100 g Zucker und dem Vanillezucker cremig rühren. Die Eier trennen. Die Eigelbe nach und nach unter die Fett-Zucker-Masse rühren. Das Mehl mit dem Backpulver mischen, sieben und dem Teig beimengen. Für das Baiser die Eiweiße mit 150 g Zucker steif schlagen.

3 Die Hälfte des Teigs in die vorbereitete Form geben und gleichmäßig verteilen. Die Hälfte der Baisermasse darauf streichen, mit der Hälfte der Mandelblättchen bestreuen und auf mittlerer Schiene etwa 20 Minuten backen. Den zweiten Boden ebenso zubereiten und auskühlen lassen.

4 Für die Himbeerfüllung die Himbeeren mit 50 g Zucker bestreuen und in einem Sieb auftauen lassen, den Saft dabei auffangen und mit Apfelsaft auf 1/4 l auffüllen. Den Tortenguss mit dem Himbeer-Apfelsaft nach Packungsanleitung zubereiten, die Himbeeren unterheben und abkühlen lassen.

5 Die Sahne mit dem Sahnesteif und dem restlichen Zucker steif schlagen. Den Joghurt vorsichtig unterrühren.

6 Einen Boden mit der Himbeermasse bestreichen, die Sahne-Joghurt-Creme darauf verteilen und den zweiten Boden darauf legen.

Zutaten

2 frische Eier · 100 g Zucker · 2 P. Vanillezucker · 100 g Weizenmehl · 1 gestrichenen TL Backpulver

5 Bananen · 2 EL Zitronensaft

je 1 Tafel Vollmilch- und Zartbitterschokolade · 3 frische Eier · 150 g weiche Butter

500 g Sahne · 2 P. Sahnesteif

1 P. Mini-Schokoladentäfelchen · 1–2 EL Schokoladenraspel

Für etwa 12 Stücke
Zubereitungszeit: etwa 1 1/4 Std.
Backzeit: etwa 25 Min.
Kühlzeit: etwa 3 Std.
etwa 490 kcal je Stück

Milkatorte

1 Den Backofen auf 180 °C (Umluft 150 °C; Gas Stufe 2) vorheizen. Eine Springform (etwa 28 cm Ø) mit Backpapier auslegen.

2 Für den Biskuitboden 2 Eier mit 2 EL heißem Wasser, dem Zucker und 1 P. Vanillezucker schaumig schlagen. Das Mehl und das Backpulver mischen, auf die Eiermasse sieben und vorsichtig unterrühren.

3 Den Teig in die vorbereitete Form geben und auf mittlerer Schiene etwa 25 Minuten backen. Den Biskuit auf ein Kuchengitter stürzen, das Backpapier vorsichtig abziehen und auskühlen lassen.

4 Für den Belag die Bananen schälen und quer halbieren. Eine Bananenhälfte für die Dekoration in Scheiben schneiden und zur Seite legen, die restlichen Hälften längs halbieren. Die Bananenstücke sorgfältig mit dem Zitronensaft beträufeln.

5 Die Schokolade grob zerkleinern, über einem heißen Wasserbad schmelzen und etwas abkühlen lassen. Die restlichen 3 Eier trennen. Die Eigelbe zusammen mit der Butter und dem restlichen Vanillezucker cremig rühren. Die Schokolade beimengen. Die Eiweiße steif schlagen und vorsichtig unter die Schokoladenmasse heben.

6 Die Sahne mit dem Sahnesteif steif rühren. Einen Tortenring um den Biskuitboden legen. Die Bananenhälften auf dem Boden verteilen. Etwa 4 EL der Sahne zur Seite stellen. Die restliche Sahne auf den Bananen verteilen. Darüber die Schokoladenmasse gleichmäßig verstreichen und etwa 3 Stunden kühl stellen.

7 Kurz vor dem Servieren die zur Seite gestellte Sahne in einen Spritzbeutel mit Sterntülle geben und die Torte damit verzieren. Die kleinen Schokoladentäfelchen, die Bananenscheiben und die Schokoladenraspel dekorativ auf der Torte verteilen.

schnell –
für Gäste +
preiswert –
dekorativ +
Trend +
einfach –
für Kids +

Schneeballtorte

- ⊖ schnell
- ⊕ für Gäste
- ⊖ preiswert
- ⊕ dekorativ
- ⊕ Trend
- ⊖ einfach
- ⊕ für Kids

Zutaten

2 frische Eier · 75 g Zucker · 1 P. Vanillezucker · 75 g Mehl · 25 g Speisestärke · 1 TL Backpulver · abgeriebene Schale von 1 unbehandelten Zitrone

2 P. gemahlene Gelatine · 2 Dosen Mandarinen (à 320 g) · 600 g Schmand · 2 P. Vanillezucker · 50 g Orangengetränkepulver

500 g Sahne · 1 P. Vanillezucker

1 TL gemahlener Kaffee

Für etwa 12 Stücke
Zubereitungszeit: etwa 1 Std.
Backzeit: etwa 20 Min.
Kühlzeit: etwa 3 Std.
etwa 390 kcal je Stück

1 Den Backofen auf 180 °C (Umluft 150 °C; Gas Stufe 2) vorheizen. Eine Springform (etwa 26 cm Ø) mit Backpapier auslegen.

2 Die Eier mit 2 EL heißem Wasser schaumig schlagen. Den Zucker und den Vanillezucker unterrühren. Das Mehl mit der Speisestärke und dem Backpulver vermischen. Auf die Eiercreme sieben und mit der Zitronenschale unterheben. Den Teig in die Form geben und auf mittlerer Schiene etwa 20 Minuten backen. Auskühlen lassen.

3 Für die Mandarinencreme 1 Päckchen Gelatine in 4 EL kaltes Wasser rühren und etwa 10 Minuten quellen lassen. Die Mandarinen in einem Sieb abtropfen lassen, dabei den Saft auffangen. 125 ml Mandarinensaft mit Schmand, Vanillezucker und Orangengetränkepulver verrühren.

4 Einen Tortenring um den Biskuitboden legen. Die Gelatine bei niedriger Hitze auflösen. 3 EL von der Schmandmasse nach und nach einrühren. Die flüssige Gelatine unter die restliche Schmandmasse ziehen. Die Mandarinen unterheben und alles auf dem Biskuitboden verteilen. Den Kuchen etwa 3 Stunden lang kühl stellen, bis die Creme fest geworden ist.

5 Inzwischen für die Schneebälle die restliche Gelatine in 4 EL kaltes Wasser rühren und etwa 10 Minuten quellen lassen. Die Sahne mit dem Vanillezucker steif schlagen. Die Gelatine bei niedriger Hitze auflösen, 3 EL der Sahne unterrühren. Die flüssige Gelatine unter die restliche Sahne ziehen. Die Creme etwa 3 Stunden im Kühlschrank fest werden lassen.

6 Mit einem Eiskugelportionierer Kugeln aus der Sahnemasse stechen und auf die Mandarinencreme setzen. Die „Schneebälle“ mit Kaffeepulver bestäuben.

Zutaten

Fett und Butter für die Form

140 g Butter oder Margarine · 150 g Zucker · 3 P. Vanillezucker · 6 frische Eier

100 g Mehl · 1/2 P. Backpulver · 100 g Schokoladenraspel · 1 Prise Salz

1 Dose Mandarinen (320 g) · 2–3 reife Bananen · Saft von 1 Zitrone

500 g Schlagsahne · 2 P. Sahnesteif · 1 TL Puderzucker · 1 TL Kakao

Für etwa 12 Stücke
Zubereitungszeit: etwa 45 Min.
Backzeit etwa 45 Min.
Wartezeit: etwa 45 Min.
etwa 460 kcal je Portion

Maulwurfkuchen

1 Den Backofen auf 175 °C (Umluft 150 °C; Gas Stufe 2) vorheizen. Eine Springform (etwa 26 cm Ø) einfetten und bemehlen.

2 Fett, Zucker und 1 Päckchen Vanillezucker mit einem elektrischen Rührgerät cremig schlagen. Die Eier trennen. Die Eigelbe nach und nach der Fett-Zucker-Masse beimengen.

3 Mehl und Backpulver mischen, sieben und löffelweise den Schokoraspeln hinzufügen. Die Eiweiße mit einer Prise Salz steif schlagen und unter den Teig heben. Diesen in die Form geben, etwa 45 Minuten auf mittlerer Schiene backen und auf einem Kuchengitter auskühlen lassen.

4 Die Mandarinen in ein Sieb geben und abtropfen lassen. Den Tortenboden bis auf einen etwa 1 cm breiten Rand vorsichtig mit einem Löffel aushöhlen. Die ausgehöhlten Kuchenteile zerkrümeln. Die Bananen schälen, in Scheiben schneiden und mit Zitronensaft beträufeln.

5 Die Früchte auf dem Tortenboden verteilen. Die Sahne mit Sahnesteif und 2 Päckchen Vanillezucker steif schlagen und kuppelförmig auf den Früchten verstreichen. Die Sahnekuppel dick mit den Kuchenkrümeln bedecken. Vor dem Servieren mit Puderzucker und Kakao bestreuen.

Tipps

Auch viele andere Früchte eignen sich für den Maulwurfkuchen. Frische Erdbeeren ergänzen den Geschmack von Schokobiskuit und Sahne hervorragend. Aprikosen oder Pfirsiche aus der Dose lassen sich saisonunabhängig verwenden.

- schnell ⊖
- für Gäste ⊕
- preiswert ⊖
- dekorativ ⊕
- Trend ⊕
- einfach ⊕
- für Kids ⊕

Brombeer-Joghurt-Torte

- schnell
- für Gäste
- preiswert
- dekorativ
- Trend
- einfach
- für Kids

Zutaten

600 g frische oder TK-Brombeeren

3 frische Eier · 180 g Zucker · 1 Prise Salz · 80 g Mehl · 20 g Speisestärke · 20 g Kakao · 2 TL Backpulver

7 Blatt weiße Gelatine

250 g Vanillejoghurt · abgeriebene Schale von 1 unbehandelten Zitrone

400 g Sahne

3 EL Aprikosenkonfitüre

200 g Marzipanrohmasse · 100 g Puderzucker · etwas Puderzucker zum Ausrollen

50 g weiße Kuvertüre

Für etwa 12 Stücke
Zubereitungszeit: etwa 1 1/4 Std.
Backzeit: etwa 40 Min.
Kühlzeit: etwa 2 Std.
etwa 400 kcal je Stück

1 Tiefgefrorene Brombeeren in einem Sieb auftauen lassen. Frische Früchte waschen. Den Backofen auf 175 °C (Umluft 150 °C; Gas Stufe 2) vorheizen. Eine Springform (etwa 26 cm Ø) mit Backpapier auslegen.

2 Die Eier mit 3 EL heißem Wasser, 100 g Zucker und Salz schaumig rühren. Mehl, Speisestärke, Kakao und Backpulver mischen, auf die Eiermasse sieben und unterheben. Den Teig in die vorbereitete Form geben, gleichmäßig verteilen und etwa 40 Minuten backen. Gut auskühlen lassen.

3 Die Gelatine in kaltem Wasser einweichen. Ungefähr 100 g Brombeeren für die Dekoration zur Seite legen, die restlichen Früchte pürieren und durch ein Sieb streichen.

4 Joghurt, restlichen Zucker und Zitronenschale unter das Fruchtpüree rühren. Die Gelatine ausdrücken, bei schwacher Hitze auflösen, mit 3 EL der Joghurtcreme verrühren und gleichmäßig unter die restliche Joghurtmasse ziehen. Alles kühl stellen, bis die Creme zu gelieren beginnt.

5 Die Sahne steif schlagen und unter die Joghurtcreme heben. Einen Tortenring um den Biskuitboden legen, die Sahnemasse darauf verteilen und etwa 2 Stunden kühl stellen.

6 Den Tortenring entfernen. Die Konfitüre erwärmen und glatt rühren. Den Tortenrand gleichmäßig damit bestreichen.

7 Das Marzipan mit dem gesiebten Puderzucker verkneten und zu 2 Rollen formen. Auf einer mit etwas Puderzucker bestreuten Arbeitsplatte zwei Rechtecke mit einer Größe von etwa 8 cm x 38 cm ausrollen. Die Marzipanstreifen vorsichtig zu einer Schnecke aufrollen und am Tortenrand entrollen, dabei leicht andrücken.

8 Mit Hilfe eines Sparschälers die Kuvertüre in Späne hobeln. Die Torte mit den restlichen Brombeeren und den Schokoladenraspeln verzieren.

Tipp
Wenn Sie einmal wenig Zeit zur Verfügung haben, können Sie auf den Marzipanrand verzichten.

Zutaten

2 frische Eier · 75 g Zucker · 1 P. Vanillezucker · 75 g Mehl · 25 g Speisestärke · 1 TL Backpulver · abgeriebene Schale von 1 unbehandelten Zitrone

2 Dosen Mandarinen (à 320 g) · 12 Schokoküsse · 250 g Magerquark · 3 EL Schokoraspel · 500 g Sahne · 3 P. Sahnesteif

Für etwa 12 Stücke
Zubereitungszeit: etwa 40 Min.
Backzeit: etwa 20 Min.
etwa 560 kcal je Stück

Dickmanntorte mit Mandarinen

- ⊕ schnell
- ⊖ für Gäste
- ⊖ preiswert
- ⊕ dekorativ
- ⊕ Trend
- ⊕ einfach
- ⊕ für Kids

1 Den Backofen auf 180 °C (Umluft 150 °C; Gas Stufe 2) vorheizen. Eine Springform (etwa 28 cm Ø) mit Backpapier auslegen.

2 Die Eier mit 2 EL heißem Wasser schaumig schlagen. Den Zucker und den Vanillezucker unterrühren. Das Mehl, die Speisestärke und das Backpulver mischen und auf die Eiercreme sieben. Zusammen mit der Zitronenschale behutsam unterheben. Den Teig in die Form geben und etwa 20 Minuten backen, dann auskühlen lassen.

3 Den Biskuitboden auf eine Tortenplatte geben und einen Tortenring darum legen. Die Mandarinen in einem Sieb abtropfen lassen. Von den Schokoküssen die Waffeln abtrennen, halbieren und beiseite legen. Schokoküsse, Quark und Schokoraspel vermengen. Die Sahne mit dem Sahnesteif steif schlagen und unter die Quarkmasse heben.

4 Einige der Mandarinen für die Dekoration aufbewahren. Die restlichen Früchte auf dem Tortenboden verteilen. Die Sahnemasse darauf gleichmäßig verstreichen. Den Tortenring vorsichtig entfernen und mit einem Tortenmesser die Sahnemasse kuppelförmig gestalten.

5 Die Torte mit den Schokokusswaffeln und den restlichen Mandarinen verzieren. Bis zum Servieren kühl stellen.

Variation
Sie können diese Torte auch mit Kokosschokoküssen zubereiten. Statt der Mandarinen nehmen Sie eine Dose Ananasstücke und statt der Schokoladenraspel mischen Sie Kokosflocken unter die Sahnemass

Tipp
Wenn Sie wenig Zeit haben, greifen Sie doch einfach auf einen gekauften Tortenboden zurück.

Apfel-Mascarpone-Torte

Zutaten
3 frische Eier · 175 g Zucker · 2 P. Vanillezucker · 75 g Mehl · 75 g Speisestärke · 1 TL Backpulver

375 g Magerquark · 375 g Mascarpone · 1 Glas stückiges Apfelkompott (à 370 g) · 400 g Sahne · 2 P. Sahnesteif

Puderzucker zum Bestäuben

schnell
für Gäste
preiswert
dekorativ
Trend
einfach
für Kids

Für etwa 12 Stücke
Zubereitungszeit: etwa 40 Min.
Backzeit: etwa 20 Min.
Kühlzeit: etwa 45 Min.
etwa 440 kcal je Stück

1 Den Backofen auf 200 °C (Umluft 170 °C; Gas Stufe 3) vorheizen. Eine Springform (etwa 26 cm Ø) mit Backpapier auslegen.

2 Die Eier trennen. Die Eiweiße mit 3 EL kaltem Wasser steif schlagen. 125 g Zucker und 1 Päckchen Vanillezucker langsam einrieseln lassen. Die Eigelbe unterrühren. Mehl, Speisestärke und Backpulver mischen, auf die Eiermasse sieben und vorsichtig unterheben.

3 Den Teig in die vorbereitete Form geben, verteilen und etwa 20 Minuten auf mittlerer Schiene backen. Etwas abkühlen lassen und einmal quer durchschneiden. Den Deckel in ein befeuchtetes Geschirrtuch einschlagen und vollständig auskühlen lassen.

4 Inzwischen Quark, Mascarpone, das zweite Päckchen Vanillezucker und den restlichen Zucker miteinander verrühren. Das Apfelkompott unterheben. Die Sahne mit dem Sahnesteif steif schlagen, unter die Mascarponemasse heben und kühl stellen.

5 Den Tortendeckel mit einem scharfen Messer mehrmals kreuzweise einritzen, dabei einen etwa 3 cm breiten Rand aussparen. Die Mascarponemasse kuppelartig auf dem Boden verteilen. Den Tortendeckel darauf setzen und vor dem Servieren mit reichlich Puderzucker bestäuben.

Erdbeer-Tiramisu-Torte

- schnell
- **für Gäste**
- preiswert
- **dekorativ**
- Trend
- einfach
- für Kids

Zutaten

50 g Butter · 4 frische Eier · 1 Prise Salz · 225 g Zucker

100 g Mehl · 100 g Speisestärke

20 g Mehl

750 g Erdbeeren · 500 g Mascarpone · 250 g Magerquark · 1 P. Vanillezucker · 3 EL Orangensaft · 3–4 EL Amaretto

2 EL Kakao · Pfefferminze zum Verzieren

Für etwa 12 Stücke
Zubereitungszeit: etwa 1 Std.
Backzeit: etwa 30 Min.
etwa 430 kcal je Stück

Tipps

Wenn Sie etwas Mühe nicht scheuen, können Sie die Torte verschönern, indem Sie die Biskuitplätzchen zur Hälfte in geschmolzene Kuvertüre tauchen.
Wollen Sie Zeit sparen, greifen Sie auf fertige Eierbiskuitplätzchen oder Löffelbiskuits zurück.

1 Den Backofen auf 175 °C (Umluft 150 °C; Gas Stufe 2) vorheizen. Eine Springform (etwa 26 cm Ø) mit Backpapier auslegen.

2 Die Butter zerlassen und etwas abkühlen lassen. Eier, Salz und 150 g Zucker über einem heißen Wasserbad cremig schlagen, vom Wasserbad nehmen und so lange mit dem Handrührgerät weiterrühren, bis die Masse erkaltet ist.

3 Dann 100 g Mehl mit der Speisestärke vermengen, sieben und unter das Eier-Zucker-Gemisch heben. Zum Schluss die geschmolzene Butter unterrühren. Ungefähr zwei Drittel des Teigs in die vorbereitete Form geben, gleichmäßig verteilen und etwa 20 Minuten backen. Den Boden gut auskühlen lassen.

4 Ein Backblech mit Backpapier auslegen. Für die Biskuitplätzchen den restlichen Teig mit 20 g Mehl verkneten und in einen Spritzbeutel mit kleiner Lochtülle füllen. Etwa 20 Plätzchen mit der Spritztülle auf das Blech spritzen. Das Spritzgebäck bei gleicher Temperatur etwa 10 Minuten backen, dann auskühlen lassen.

5 Die Erdbeeren waschen, putzen und halbieren. Mascarpone mit Quark, dem restlichen Zucker, Vanillezucker und Orangensaft cremig rühren. Einen Tortenring um den Boden legen. Den Boden mit Amaretto beträufeln und mit zwei Drittel der Erdbeeren belegen. Die Mascarponecreme darauf streichen und den Tortenring entfernen.

6 Die Biskuitplätzchen an den Rand der Torte drücken. Die Mascarponecreme mit dem Kakao bestäuben und mit den restlichen Erdbeeren und den Minzeblättchen verzieren.

Baileyskuchen

- schnell
- für Gäste
- preiswert
- dekorativ
- Trend
- einfach
- für Kids

Zutaten

Fett für das Blech · 100 g gemahlene Mandeln · 2 Gläser Sauerkirschen (à 720 g)

5 frische Eier · 175 g Puderzucker · 1 P. Vanillezucker · 1/4 l Baileys · 1/4 l Speiseöl

400 g Mehl · 1 P. Backpulver

1–2 EL Kakaopulver · Puderzucker zum Bestäuben

Für etwa 24 Stücke
Zubereitungszeit: etwa 45 Min.
Backzeit: etwa 25 Min.
etwa 300 kcal je Stück

1 Den Backofen auf 200 °C (Umluft 170 °C; Gas Stufe 3) vorheizen. Ein Backblech einfetten und mit den gemahlenen Mandeln bestreuen. Die Sauerkirschen in einem Sieb abtropfen lassen.

2 Die Eier mit dem gesiebten Puderzucker und dem Vanillezucker schaumig schlagen. Den Baileys und das Öl nach und nach unterrühren.

3 Das Mehl mit dem Backpulver mischen, sieben und portionsweise unter die Eiermasse geben. Zwei Drittel des Teigs gleichmäßig auf dem Blech verteilen.

4 Den restlichen Teig mit dem gesiebten Kakao vermengen, in einen Spritzbeutel mit Lochtülle füllen und schräg verlaufende Streifen auf den hellen Teig spritzen. Die Sauerkirschen auf die dunklen Streifen setzen. Das Blech in den Ofen schieben und etwa 25 Minuten backen. Den ausgekühlten Kuchen vor dem Servieren mit Puderzucker bestäuben.

Baileys

Baileys ist ein cremiger Whiskey-Sahne-Likör aus Irland, den Sie auch bei uns in fast jedem Supermarkt bekommen. Er wird aus frischer Sahne hergestellt.

Variation

Wenn Sie die Abwechslung mögen, dann tauschen Sie die Sauerkirschen durch 1 Glas Mirabellen aus.

Zutaten

4 frische Eier · 150 g Zucker
75 g Mehl · 50 g Speisestärke ·
1 TL Backpulver ·
1 gehäufter EL Kakao
6 Blatt weiße Gelatine ·
2 Eigelbe · 100 ml Sekt
250 g Himbeeren · 425 g Sahne
einige Pfefferminzeblättchen

Für etwa 10 Stücke
Zubereitungszeit: etwa 45 Min.
Backzeit: etwa 12 Min.
Kühlzeit: etwa 3 Std.
etwa 310 kcal je Stück

Beschwipste Schokoladenrolle

1 Den Backofen auf 200 °C (Umluft 170 °C; Gas Stufe 3) vorheizen. Ein Backblech mit Backpapier auslegen. Für den Biskuit 4 Eier trennen. Die Eiweiße mit 30 g Zucker steif schlagen. Die Eigelbe mit 3 EL heißem Wasser schaumig rühren und 70 g Zucker einrieseln lassen.

2 Mehl, Stärke, Backpulver und Kakao mischen, auf die Eigelbmasse sieben und vermengen. Den Eischnee vorsichtig unterheben. Den Teig auf das vorbereitete Backblech geben, gleichmäßig verteilen und etwa 12 Minuten backen. Den Biskuit auf ein mit Zucker bestreutes Küchentuch stürzen, mit dem Tuch aufrollen und auskühlen lassen.

3 Für die Füllung die Gelatine in kaltem Wasser einweichen. 2 Eigelbe mit dem restlichen Zucker über einem heißen Wasserbad schaumig schlagen. Den Sekt hinzugeben. Die Gelatine ausdrücken und bei niedriger Hitze auflösen, mit etwas Eier-Sekt-Masse mischen und unter die restliche Masse rühren. Die Creme so lange kühl stellen, bis sie zu gelieren beginnt.

4 Die Himbeeren waschen und einige Früchte für die Dekoration beiseite legen. 300 g Sahne steif schlagen und vorsichtig mit den restlichen Himbeeren unter die Sektcreme heben.

5 Den Biskuit langsam auseinander rollen, die Sektcreme darauf verteilen und wieder aufrollen. Etwa 3 Stunden kühl stellen. Vor dem Servieren die restliche Sahne steif schlagen und die Rolle damit wolkenartig bestreichen. Mit den zur Seite gelegten Himbeeren und den Minzeblättchen verzieren.

schnell ⊖
für Gäste ⊕
preiswert ⊖
dekorativ ⊖
Trend ⊖
einfach ⊕
für Kids ⊖

Apfelweinkuchen

- schnell
- für Gäste
- preiswert
- dekorativ
- Trend
- einfach
- für Kids

Zutaten

250 g Mehl · 1 1/2 TL Backpulver · 190 g Zucker · 1 P. Vanillezucker · 1 frisches Ei · 125 g Butter

Fett und Mehl für das Blech

1 kg Äpfel (z. B. Boskop, Elstar) · 2 P. Vanillepuddingpulver · 750 ml Apfelwein · 1 P. Vanillezucker

500 g Sahne · 2 P. Sahnesteif · 4 Baiser vom Bäcker (etwa 35 g) · etwas Zimtpulver zum Bestäuben

Für etwa 12 Stücke
Zubereitungszeit: etwa 1 Std.
Backzeit: etwa 1 1/4 Std.
Kühlzeit: etwa 12 Stunden
etwa 490 kcal je Stück

1 Mehl, Backpulver, 125 g Zucker, 1 P. Vanillezucker, 1 Ei und Butter in eine Schüssel geben und mit dem Knethaken des elektrischen Rührgeräts zu einem glatten Teig verarbeiten. Den Teig in Folie wickeln und etwa 1 Stunde kühl stellen.

2 Den Backofen auf 175 °C (Umluft 150 °C; Gas Stufe 2) vorheizen. Eine Springform (etwa 26 cm Ø) einfetten und bemehlen. Zwei Drittel des Teigs auf dem Boden der Springform ausrollen. Den restlichen Teig zu einer Rolle verarbeiten und damit einen etwa 4 cm hohen Rand formen. Den Teigboden mehrmals mit einer Gabel einstechen.

3 Für den Belag die Äpfel waschen, vierteln, schälen, vom Kerngehäuse befreien und in dünne Spalten schneiden. Das Puddingpulver nach Packungsanweisung, jedoch mit Apfelwein, restlichem Zucker und 1 Päckchen Vanillezucker zu einem Pudding verarbeiten.

4 Die Apfelspalten mit dem Pudding vermengen. Diese Masse auf dem Teigboden verteilen und etwa 1 1/4 Stunde backen. Den Kuchen in der Form noch 1 Stunde im ausgeschalteten, aber geöffneten Backofen stehen lassen; dann herausnehmen und über Nacht auskühlen lassen.

5 Die Sahne mit dem Sahnesteif steif schlagen und gleichmäßig über den Kuchen verstreichen. Die Baisers zerkrümeln, auf der Sahne verteilen und mit Zimt bestreuen.

Variationen
Zur Abwechslung können Sie den Apfelwein durch einen Riesling ersetzen. Falls Sie auf Alkohol verzichten wollen, nehmen Sie Apfelsaft.

Zutaten

Fett und Mehl für das Blech · 1,5 kg Zwetschgen · 100 g Amaretti (Mandelmakronen)

250 g Margarine · 150 g Zucker · 1 Prise Salz · 5 frische Eier

400 g Mehl · 1 P. Backpulver · 6 EL Milch · 5 EL Amaretto

75 g Mandelblättchen · Puderzucker zum Bestäuben

Für etwa 24 Stücke
Zubereitungszeit: etwa 30 Min.
Backzeit: etwa 45 Min.
etwa 260 kcal je Stück

Zwetschgen-Amaretto-Kuchen

- ● schnell
- ○ für Gäste
- ○ preiswert
- ○ dekorativ
- ○ Trend
- ● einfach
- ○ für Kids

1 Den Backofen auf 175 °C (Umluft 150 °C; Gas Stufe 2) vorheizen. Ein Backblech (etwa 35 cm x 40 cm) einfetten und mit Mehl bestäuben. Die Zwetschgen waschen, halbieren und entsteinen. Die Amaretti in einen Plastikbeutel geben und mithilfe eines Teigrollers fein zerbröseln.

2 Für den Teig die weiche Margarine mit einem elektrischen Rührgerät schaumig schlagen. Zucker, Salz und Eier nach und nach unterrühren.

3 Das Mehl mit dem Backpulver vermischen, sieben und abwechselnd mit der Milch und dem Amaretto zu der Eiermasse geben. Dann die Amaretti beimengen.

4 Den Teig auf das vorbereitete Blech geben und glatt streichen. Die Zwetschgen mit dem Fruchtfleisch nach oben gleichmäßig auf dem Teig verteilen. Die Mandelblättchen darüber streuen. Den Kuchen im Ofen etwa 45 Minuten backen, dann abkühlen lassen und kurz vor dem Servieren mit Puderzucker bestäuben.

Amaretti

Amaretti sind kleine Bittermandelmakronen. Ihr Name stammt vom italienischen Wort *amaro* (bitter, herb) ab. Die Spezialität wird in ihrer italienischen Heimat zum Nachtisch gern in den Dessertwein Vin Santo getaucht. Sie finden Amaretti fast in jedem größeren Supermarkt.

Zutaten

8 frische Eier · 480 g Mehl · 2 TL Backpulver · 380 g Zucker · 2 P. Vanillezucker · etwas Salz · 120 g Margarine

Fett und Mehl für das Blech · 800 g Rhabarber

6 cl Campari

100 g Speisestärke · 4 TL Backpulver · 300 g Butter

150 g Puderzucker · 6 cl Campari

Für etwa 24 Stücke
Zubereitungszeit: etwa 1 Std.
Backzeit: etwa 35 Min.
Kühlzeit: etwa 1 Std.
etwa 370 kcal je Stück

Rhabarber-Campari-Kuchen

1 Die Eier trennen. 2 Eiweiße werden für den Mürbeteig benötigt, den Rest für den Belag kühl stellen. 220 g Mehl, 2 TL Backpulver, 80 g Zucker, 1 P. Vanillezucker, 1 Prise Salz, 2 Eiweiße und 120 g Margarine in einer Schüssel zu einem glatten Teig kneten. Diesen in Frischhaltefolie verpackt etwa 1 Stunde kühl stellen.

2 Den Ofen auf 180 °C (Umluft 150 °C; Gas Stufe 2) vorheizen. Ein Backblech einfetten und bemehlen. Den Rhabarber waschen, putzen und in 1 cm große Würfel schneiden. Den Teig auf dem Blech ausrollen.

3 Die Eigelbe mit 100 g Zucker, 1 P. Vanillezucker und 6 cl Campari cremig rühren. 6 Eiweiße, 1 Prise Salz und den restlichen Zucker steif schlagen.

4 Restliches Mehl, Speisestärke und Backpulver mischen, sieben und abwechselnd mit flüssiger Butter unter die Eigelbmasse rühren. Den Eischnee unterheben. Den Teig auf dem Mürbeteig verteilen und glatt streichen.

5 Die Rhabarberstücke gleichmäßg darauf verteilen und etwas eindrücken, damit beim Backen ein Gittermuster entsteht. Den Kuchen etwa 35 Minuten backen.

6 Den Puderzucker mit dem Campari glatt rühren und damit die Oberfläche des etwas abgekühlten, aber noch warmen Kuchens bestreichen.

schnell ⊖
für Gäste ⊕
preiswert ⊖
dekorativ ⊕
Trend ⊖
einfach ⊖
für Kids ⊖

Campari

Campari, ein italienischer Bitterbranntwein, wird aus Kräutern und den Schalen von Bitterorangen hergestellt. Campari ist auch in kleinen Portionsflaschen erhältlich.

Zutaten

Fett und Mehl für die Form ·
1 P. TK-Mürbeteig (etwa 400 g)

abgeriebene Schale von 4 unbehandelten Limetten · 100 ml Limettensaft · 180 g Zucker · 250 g Schlagsahne · 60 g Butter · 40 g Speisestärke · 5 EL Milch

250 g Schmand

Saft von 4 Limetten · 100 ml Cachaça (Zuckerrohrschnaps) · 1 P. Tortenguss klar

1 Limette

Für etwa 12 Stücke
Zubereitungszeit: etwa 45 Min.
Backzeit: etwa 17 Min.
Kühlzeit: etwa 2 Std.
etwa 390 kcal je Stück

Caipirinhakuchen

- schnell
- **für Gäste**
- preiswert
- dekorativ
- **Trend**
- einfach
- für Kids

1 Den Backofen auf 200 °C (Umluft 170 °C; Gas Stufe 3) vorheizen. Eine Tarteform (etwa 28 cm Ø) einfetten und mit Mehl bestäuben. Den Mürbeteig etwas größer als die Tarteform ausrollen, in die Form geben und dabei einen Rand formen. Den Boden mit einer Gabel mehrmals einstechen. Im heißen Backofen etwa 17 Minuten backen. Den Boden in der Form auskühlen lassen.

2 Die Limettenschalen mit 100 ml Limettensaft, 150 g Zucker, Sahne und Butter unter Rühren aufkochen, bis der Zucker gelöst ist. Die Speisestärke mit der Milch glatt rühren, unter die Limettencreme mengen und noch einmal aufkochen. Die Masse etwas abkühlen lassen.

3 Den Schmand unterrühren und auf den Boden geben, gleichmäßig verteilen und etwa 45 Minuten kühl stellen.

4 Den Saft von 4 Limetten mit dem Cachaça mischen und mit Wasser auf 250 ml auffüllen. Den Tortenguss nach Packungsanleitung mit der Limetten-Cachaça-Mischung und fast dem ganzen restlichen Zucker zubereiten.

5 Die Limette schälen, leicht zuckern und in sehr feine Scheiben schneiden. Den Guss darauf verteilen und fest werden lassen.

Cachaça
Cachaça (gesprochen Kaschassa) ist ein brasilianischer Zuckerrohrschnaps. Er ist Hauptbestandteil des Kultcocktails Caipirinha.

Ananas-Rum-Bombe

1 Den Backofen auf 200 °C (Umluft 170 °C; Gas Stufe 3) vorheizen. Eine Springform (etwa 26 cm Ø) mit Backpapier auslegen.

2 Die Eier mit 4 EL heißem Wasser schaumig rühren, 200 g Zucker und den Vanillezucker einrieseln lassen. Das Mehl, die Speisestärke und das Backpulver mischen, auf die Eiermasse sieben und vorsichtig unterrühren.

3 Den Teig in die vorbereitete Form füllen, glatt streichen und etwa 35 Minuten backen. Den Biskuitboden auskühlen lassen und etwa zwei Drittel des Bodens mit einem scharfen Messer waagrecht abtrennen und zerbröseln.

4 Die Ananas in einem Sieb abtropfen lassen. Das Puddingpulver mit den Eigelben, 6 EL Milch und dem restlichen Zucker vermengen. Die restliche Milch aufkochen, das Puddingpulver unterrühren, nochmals aufkochen und den Pudding auskühlen lassen.

5 Die weiche Butter cremig schlagen. Den Pudding esslöffelweise unterrühren. Die Kirschmarmelade auf den Biskuitboden streichen. Die Ananasscheiben in kleine Stücke schneiden und mit den Biskuitbröseln und dem Rum unter die Buttercreme heben.

6 Die Masse kuppelförmig auf dem Biskuitboden glatt streichen und etwa 1 Stunde kühl stellen.

7 Die Kuvertüre grob hacken und mit dem Öl über einem heißen Wasserbad schmelzen, etwas abkühlen lassen, auf der Kuppel gleichmäßig verteilen und warten, bis sie leicht angetrocknet ist. Die Kokosflocken darüber streuen.

Zutaten

6 frische Eier · 250 g Zucker · 1 P. Vanillezucker · 250 g Mehl · 50 g Speisestärke · 1 TL Backpulver

1 Dose Ananas (850 g) · 1 P. Vanillepuddingpulver · 2 Eigelbe · 1/2 l Milch

250 g Butter · 4 EL Kirschmarmelade · 100 ml Rum

250 g Zartbitterkuvertüre · 2 EL Öl · 1 EL Kokosflocken

schnell ⊖
für Gäste ⊕
preiswert ⊕
dekorativ ⊕
Trend ⊖
einfach ⊖
für Kids ⊖

Für etwa 12 Stücke
Zubereitungszeit: etwa 1 Std.
Backzeit: etwa 35 Min.
Kühlzeit: etwa 1 1/4 Std.
etwa 660 kcal je Stück

Eierlikör-Kirsch-Torte

- schnell
- für Gäste
- preiswert
- dekorativ
- Trend
- einfach
- für Kids

Zutaten

Fett und Mehl für die Form

100 g Butter · 100 g Zucker · 1 P. Vanillezucker · 5 frische Eier

100 g Schokoladenraspel · 200 g gemahlene Nüsse · 1 EL Rum

1 Glas Sauerkirschen (à 720 g) · 4 TL Speisestärke

500 g Sahne · 2 P. Sahnesteif · 4–5 EL Eierlikör

Für etwa 12 Stücke
Zubereitungszeit: etwa 45 Min.
Backzeit: etwa 40 Min.
Kühlzeit: etwa 2 Std.
etwa 490 kcal je Stück

1 Den Backofen auf 175 °C (Umluft 150 °C; Gas Stufe 2) vorheizen. Eine Springform (etwa 26 cm Ø) einfetten und bemehlen.

2 Butter, Zucker und Vanillezucker cremig rühren. 2 Eier trennen. Die Eigelbe und die restlichen Eier löffelweise unter die Butter-Zucker-Masse rühren.

3 Etwa 2 EL der Schokoraspel beiseite legen. Die anderen Schokoladenraspel, die gemahlenen Nüsse und den Rum dem Teig beimengen. Die 2 Eiweiße steif schlagen und unterheben. Den Teig in die Form geben und etwa 40 Minuten backen. Anschließend auskühlen lassen.

4 Die Sauerkirschen in ein Sieb geben und den Saft auffangen. Die Speisestärke mit 5 EL des Saftes glatt rühren. 150 ml Sauerkirschsaft aufkochen, die Stärke hinzufügen und noch einmal aufkochen lassen. Die Kirschen mit dem angedickten Saft vermischen und abkühlen lassen.

5 Den Boden auf eine Tortenplatte setzen und einen Tortenring darum legen. Die Sauerkirschen auf dem Boden verteilen und vollständig auskühlen lassen.

6 Die Sahne mit dem Sahnesteif steif schlagen und auf den Kirschen verteilen. Mit einem Kochlöffelstiel kreisförmige Rillen in die Sahne ziehen. Den Eierlikör mit einem Löffel in die Rillen geben. Die restlichen Schokoladenraspel auf die Sahnemasse streuen. Den Tortenring entfernen und den Kuchen bis zum Servieren kühl stellen.

Himbeer-Kokos-Tarte

- schnell
- für Gäste
- preiswert
- dekorativ
- Trend
- einfach
- für Kids

Zutaten

Fett und Mehl für die Form · 300 g TK-Blätterteig

3 Blatt weiße Gelatine · 150 ml Kokosmilch · 100 g Sahnejoghurt · 40 g Puderzucker · Saft von 1/2 Limette oder Zitrone · 2 EL Kokoslikör

150 g Schlagsahne · 500 g Himbeeren · einige Pfefferminzeblättchen zum Verzieren

Für etwa 12 Stücke
Zubereitungszeit: etwa 30 Min.
Backzeit: etwa 20 Min.
Kühlzeit: etwa 1 1/2 Std.
etwa 190 kcal je Stück

1 Den Backofen auf 200 °C (Umluft 170 °C; Gas Stufe 3) vorheizen. Eine Tarteform (etwa 30 cm Ø) einfetten und mit Mehl bestäuben. Die Blätterteigplatten nebeneinander legen und auftauen.

2 Die Platten aufeinander legen, auf die Größe der Form ausrollen und diese damit auslegen. Den Blätterteig etwa 20 Minuten backen, abkühlen lassen und den Teig vorsichtig aus der Form nehmen.

3 Die Gelatine in kaltem Wasser einweichen. Die Kokosmilch mit dem Joghurt und dem Puderzucker verrühren. Die Limette auspressen. Die Gelatine ausdrücken und bei niedriger Hitze auflösen. Der Gelatine etwa 3 EL Kokoscreme hinzufügen und das Gelatinegemisch unter die restliche Kokoscreme mengen. Den Limetten- bzw. Zitronensaft und den Kokoslikör hineingeben. Die Creme kühl stellen, bis sie zu gelieren beginnt.

4 Inzwischen die Sahne steif schlagen und unter die Kokoscreme heben. Die Masse auf den Tarteboden geben und glatt streichen. Die Himbeeren waschen, vorsichtig trockentupfen und auf der Creme verteilen. Den Kuchen etwa 1 1/2 Stunden kühl stellen. Kurz vor dem Servieren mit den Pfefferminzeblättchen garnieren.

Kokosmilch

Kokosmilch ist der Saft des geriebenen Kokosfleisches und ist nicht zu verwechseln mit dem Kokoswasser im Innern der Kokosnuss. Sie ist in jedem größeren Supermarkt in Dosen oder im Tetra Pak erhältlich. Lässt man die Kokosmilch längere Zeit stehen, setzt sich eine wässrige Schicht ab. Rühren Sie die Kokosmilch vor ihrer Verwendung einmal durch, damit sich die beiden Schichten wieder verbinden.

Apfelstrudel aus Blätterteig

- schnell
- für Gäste
- preiswert
- dekorativ
- Trend
- einfach
- für Kids

Zutaten

450 g TK-Blätterteig

50 g gehackte Mandeln

1 kg Äpfel · 3 EL Zitronensaft · 60 g Zucker · 50 g Rosinen

1 frisches Ei

1 TL Kondensmilch · Puderzucker zum Bestäuben, nach Belieben

Für etwa 10 Stücke
Zubereitungszeit: etwa 40 Min.
Backzeit: etwa 45 Min.
etwa 320 kcal je Stück

1 Die Blätterteigplatten nebeneinander legen und auftauen lassen. Ein Backblech mit Backpapier auslegen.

2 Den Backofen auf 200 °C (Umluft 170 °C; Gas Stufe 3) vorheizen. Die gehackten Mandeln in einer beschichteten Pfanne ohne Fettzugabe rösten.

3 Die Äpfel schälen, vierteln, vom Kerngehäuse befreien, in kleine Stücke schneiden und mit Zitronensaft, Zucker, Mandeln und Rosinen mischen.

4 Die Blätterteigplatten aufeinander legen und auf einer bemehlten Arbeitsfläche zu einem Quadrat (etwa 45 cm x 45 cm) ausrollen. Die Apfelmischung auf dem mittleren Drittel des Teigs verteilen, dabei beidseitig einen 3 cm breiten Rand aussparen.

5 Das Ei trennen und mit dem Eiweiß die Teigränder bestreichen. Den unteren Teigrand nach oben auf die Äpfel schlagen und den oberen Teig nach unten klappen. An den Seiten die Teigränder zusammendrücken.

6 Den Strudel etwa 30 Minuten backen. Das Eigelb mit der Kondensmilch verrühren und den Strudel damit bestreichen. Diesen nochmals 15 Minuten backen. Vor dem Servieren nach Belieben mit Puderzucker bestäuben.

Tipp
Lauwarm und mit einer Vanillesauce schmeckt der Strudel am besten.

Zutaten

150 g Löffelbiskuits · 125 g Butter
300 g grüne Weintrauben ·
5 EL Marsala (italienischer Weißwein)
600 g Frischkäse (Doppelrahmstufe) · 300 g Joghurt
1 P. Tortenguss klar ·
100 g Zucker
1 frisches Eiweiß

Für etwa 12 Stücke
Zubereitungszeit: etwa 35 Min.
Kühlzeit: etwa 3 Std.
etwa 380 kcal je Stück

Trauben-Frischkäse-Torte

1 Eine Springform (etwa 26 cm Ø) mit Backpapier auslegen. Die Löffelbiskuits in einen Gefrierbeutel geben und mithilfe eines Teigrollers zerbröseln. Die Butter zerlassen und mit den Bröseln vermengen. Die Mischung in die Form geben und fest andrücken.

2 Die Trauben waschen und die Früchte von den Stielen zupfen. Ein Drittel der Trauben zur Seite legen. Die restlichen Früchte halbieren, entkernen und mit 1–2 EL Marsala beträufeln. Den Frischkäse mit dem Joghurt und dem restlichen Marsalawein verrühren.

3 Den Tortenguss nach Packungsanweisung mit 75 g Zucker zubereiten und unter die Frischkäse-Joghurt-Creme ziehen. Den Biskuitboden mit einem Drittel der Creme bedecken. Die Weintrauben gleichmäßig darauf verteilen. Die restliche Creme auf die Weintrauben geben und glatt streichen. Die Torte etwa 3 Stunden kühl stellen.

4 Vor dem Servieren die beiseite gelegten Weintrauben in dem Eiweiß wenden und im restlichen Zucker wälzen. Die Torte damit verzieren.

Variation
Bereiten Sie den Kuchenboden aus folgenden Zutaten zu: 150 g Butterkekse oder 200 g Blätterteigbrezeln und 125 g Butter.

schnell
für Gäste
preiswert
dekorativ
Trend
einfach
für Kids

Nippontorte mit Kirschen

- schnell
- für Gäste
- preiswert
- dekorativ
- Trend
- einfach
- für Kids

Zutaten

2 P. Nippon (à 200 g) · etwas Öl oder Butter

1 Glas Sauerkirschen (à 720 g) · 4 TL Speisestärke

500 g Sahne · 3 P. Sahnesteif · 2 P. Vanillezucker · 50 g Zucker · 250 g Mascarpone

Für etwa 12 Stücke
Zubereitungszeit: etwa 50 Min.
Kühlzeit: etwa 3 1/4 Std.
etwa 480 kcal je Stück

1 Für die Verzierung 6 Nippons zur Seite legen. Die restlichen in kleine Stücke brechen und über einem heißen Wasserbad erhitzen, bis die Schokolade geschmolzen ist. Eine Tortenplatte leicht einfetten und einen Springformrand (etwa 26 cm Ø) darauf setzen. Die Nipponmasse verrühren, einfüllen, gleichmäßig verteilen und etwa 1 Stunde kühl stellen.

2 Die Sauerkirschen in einem Sieb abtropfen lassen, den Saft dabei auffangen. Die Speisestärke mit 5 EL des Saftes glatt rühren. 150 ml Sauerkirschsaft aufkochen, die Stärke einrühren und noch einmal aufkochen. Die Sauerkirschen mit dem angedickten Kirschsaft vermengen und auskühlen lassen.

3 Die Sahne mit dem Sahnesteif, dem Vanillezucker und dem Zucker steif schlagen. Zwei Drittel der Sahne unter den Mascarpone rühren. Ein Drittel der Mascarponecreme gleichmäßig auf den Tortenboden geben. Erst die Kirschmasse darauf verteilen, dann die restliche Mascarponecreme. Die Kuchenoberfläche mit einem Tortenkamm kreisförmig verzieren.

4 Die restliche Sahne in einen Spritzbeutel mit Lochtülle füllen, 12 Sahnetupfer auf die Torte spritzen und diese dann etwa 2 Stunden kühl stellen. Vor dem Servieren die restlichen Nippons diagonal halbieren und jeweils ein Dreieck in jeden Sahnetupfer drücken.

Zutaten

150 g Löffelbiskuits ·
125 g Butter · 5 EL Kakao

1 Dose Birnen (à 850 g) ·
600 g Frischkäse (Doppelrahmstufe) · 300 g Vollmilchjoghurt ·
3 EL Zitronensaft

1 P. Tortenguss klar · 75 g Zucker

Kakao zum Bestäuben

Für etwa 12 Stücke
Zubereitungszeit: etwa 30 Min.
Kühlzeit: etwa 3 Std.
etwa 360 kcal je Stück

Birnen-Frischkäse-Torte

- schnell
- für Gäste
- preiswert
- dekorativ
- Trend
- einfach
- für Kids

1 Eine Springform (etwa 26 cm Ø) mit Backpapier auslegen. Die Löffelbiskuits in einen Gefrierbeutel geben und mit einem Teigroller zerbröseln. Die Butter zerlassen und mit den Bröseln und dem Kakaopulver vermischen. Die Masse auf dem Springformboden verteilen und andrücken.

2 Für den Belag die Birnen in einem Sieb abtropfen lassen, den Saft dabei auffangen. Den Frischkäse mit dem Joghurt und dem Zitronensaft verrühren.

3 Tortenguss, Zucker und 150 ml Birnensaft (eventuell mit Wasser auffüllen) aufkochen und unter die Frischkäsecreme rühren.

4 Die Birnen in kleine Stücke schneiden. Ein Viertel der Creme auf dem Boden verteilen. Die Birnenstücke darauf geben, mit der restlichen Creme bedecken und etwa 3 Stunden kühl stellen.

5 Kurz vor dem Servieren verschieden breite Streifen aus Backpapier kreuzweise auf den Kuchen legen und die Torte mit dem Kakaopulver bestäuben. Die Papierstreifen vorsichtig entfernen.

Zutaten

1 dunkler Biskuitboden vom Bäcker

500 g Crème fraîche · 150 g Gelierzucker (1:1) · 500 g Sahne · 1 P. Sahnesteif · Saft von 1 Zitrone

1 P. Tortenguss klar · 500 g rote Grütze

Für etwa 12 Stücke
Zubereitungszeit: etwa 30 Min.
Kühlzeit: etwa 3 1/2 Std.
etwa 480 kcal je Stück

Rote-Grütze-Torte

1 Den Biskuitboden auf eine Tortenplatte legen und einen Tortenring um ihn herumlegen.

2 Crème fraîche und Gelierzucker miteinander verrühren. Die Sahne mit dem Sahnesteif steif schlagen, mit der Crème fraîche vermengen und den Zitronensaft unterrühren.

3 Die Masse sorgfältig auf dem Biskuitboden verstreichen und etwa 3 Stunden kühl stellen.

4 Den Tortenguss mit 2 EL kaltem Wasser verrühren, mit der roten Grütze in einen Topf geben und unter Rühren aufkochen. Etwas abkühlen lassen, auf die Torte geben, gleichmäßig verteilen und ganz abkühlen lassen.

Tipps

Achten Sie beim Kauf der roten Grütze darauf, dass diese nicht zu flüssig ist. Ansonsten nehmen Sie einfach 2 Päckchen Tortenguss zum Andicken.
Wenn Sie den Kuchenboden selbst zubereiten wollen, jedoch vor dem Backen zurückschrecken, nehmen Sie Löffelbiskuit wie im Rezept auf S. 58.

schnell ⊖
für Gäste ⊕
preiswert ⊖
dekorativ ⊕
Trend ⊕
einfach ⊕
für Kids ⊕

Zutaten

Fett und Mehl für die Form ·
1 P. Grundmischung Mürbeteig (400 g) · 1 frisches Ei ·
125 g Butter

2 reife Mangos (à etwa 450 g)

75 g Pistazienkerne · 1/2 TL gemahlener Ingwer · abgeriebene Schale von 1 unbehandelten Zitrone · 250 g Apfelmus (Glas) ·
2 EL flüssiger Honig

1 Eigelb · 1 EL Sahne ·
1 EL Aprikosenkonfitüre

Für etwa 12 Stücke
Zubereitungszeit: etwa 1 Std.
Backzeit: etwa 55 Min.
etwa 340 kcal je Stück

Mangotorte „Linzer Art"

- schnell
- für Gäste
- preiswert
- dekorativ
- Trend
- einfach
- für Kids

1 Den Backofen auf 200 °C (Umluft 170 °C; Gas Stufe 3) vorheizen. Eine Springform (etwa 26 cm Ø) einfetten und bemehlen. Den Mürbeteig nach Packungsanweisung zubereiten. Zwei Drittel des Teigs in die Form drücken. Der Rand sollte etwa 4 cm hoch sein. Den Teigboden mit einer Gabel mehrmals einstechen und 10–15 Minuten backen. Das Backwerk dann herausnehmen und die Backofentemperatur auf 175 °C (Umluft 150 °C; Gas Stufe 2) reduzieren.

2 Inzwischen die Mangos schälen. Das Fruchtfleisch vom Stein schneiden und in etwa 2 cm große Stücke würfeln.

3 Die Pistazienkerne grob hacken und ungefähr 1 EL davon zum Verzieren zurückbehalten. Die restlichen Pistazien mit Mangowürfeln, Ingwer, abgeriebener Zitronenschale, Apfelmus und Honig vermengen. Alles etwas ziehen lassen.

4 Die Mangomasse auf dem Boden verteilen. Den restlichen Teig etwa 1/2 cm dick ausrollen. 10 Teigstreifen von je 1 1/2 cm Breite ausradeln und mit diesen ein Gitter auf die Mangomasse legen.

5 Das Eigelb mit der Sahne verrühren und das Gitter damit bestreichen. Den Kuchen nochmals etwa 40 Minuten backen. Die Konfitüre erwärmen, den noch warmen Kuchen damit bestreichen und dann auskühlen lassen. Vor dem Servieren mit den Pistazien bestreuen.

Tipps

Reife Mangos erkennen Sie daran, dass sie auf Druck nachgeben und süßlich riechen. Sollte die Schale dunkle Flecken aufweisen, ist dies ebenfalls ein Zeichen von Reife. Lagern Sie harte Früchte bei Raumtemperatur, dann erlangen sie innerhalb einiger Tage ihre volle Reife.

Zwetschgenwähe

Zutaten

Fett und Mehl für die Form
1 P. Hefeteig aus dem Kühlregal (à 450 g)
500 g Zwetschgen
3 frische Eier · 250 g Schmand · 50 g Zucker · 1/2 TL Zimt · 2 EL Puderzucker

Für etwa 12 Stücke
Zubereitungszeit: etwa 30 Min.
Backzeit: etwa 30 Min.
etwa 260 kcal je Stück

schnell +
für Gäste −
preiswert +
dekorativ −
Trend −
einfach +
für Kids −

1 Den Backofen auf 200 °C (Umluft 170 °C; Gas Stufe 3) vorheizen. Eine Tarteform (etwa 26 cm Ø) einfetten und bemehlen. Den Hefeteig ausrollen und die Form damit auslegen.

2 Die Zwetschgen waschen, halbieren, entsteinen und in Spalten schneiden. Die Zwetschgenspalten auf dem Teig verteilen.

3 Die Eier mit dem Schmand und dem Zucker verrühren und alles auf die Zwetschgen gießen. Den Kuchen etwa 30 Minuten backen. Kurz vor dem Servieren die ausgekühlte Zwetschgenwähe mit Zimt und Puderzucker bestreuen.

Tipp
Sie können den Hefeteig natürlich auch selbst zubereiten. Dazu nehmen Sie: 150 ml Milch, 1/2 Würfel Hefe, 250 g Mehl, 50 g Zucker, 1 Prise Salz, 1 Eigelb und 25 g Butter.

Alphabetisches Rezeptverzeichnis

Rezeptverzeichnis nach Kapiteln

Einfach gerührt

Blechkuchen

Sahnige Verführer

Mit Schuss

Quick & easy

Im FALKEN Verlag sind zahlreiche Titel zum Thema „Essen und Trinken“ erschienen.

Sie erhalten sie überall dort, wo es Bücher gibt.

Sie finden uns im Internet: **www.falken.de**

Dieses Buch wurde auf chlorfrei gebleichtem und säurefreiem Papier gedruckt.

Der Text dieses Buches entspricht den Regeln der neuen deutschen Rechtschreibung.

Impressum

ISBN 3 8068 2739 7

Umschlagkonzeption: Martina Eisele, München
Umschlaggestaltung: Digital Design GmbH Borgers, Hünstetten
Layout: Johannes Steil, Wiesbaden
Redaktion: Sigrid Blank, Dirk Katzschmann und Olaf Rappold (red.sign, Stuttgart)
Koordination und Schlussredaktion: Bettina Snowdon (FALKEN Verlag)
Herstellung: Petra Becker (FALKEN Verlag) und red.sign, Stuttgart
Weitere Fotos auf dem Umschlag: Die Bilder auf der Umschlaginnenseite vorne wurden dem FALKEN Verlag freundlicherweise von der Autorin und dem Fotografen zur Verfügung gestellt. **Damir Begovic, Hamburg:** Umschlagklappe, hinten, innen li. o., li. M. und li. u. sowie re. o., re. M. und re. u.

Rezeptfotos und weitere Fotos im Innenteil: Damir Begovic, Hamburg
Foodstyling: Stevan Paul, Hamburg
Satz: red.sign, Stuttgart
Reproduktion: Lithotronic, Frankfurt
Druck: Druckhaus Cramer, Greven
817 2635 4453 6271